NE능률 영어교과서

대한민국 고등학생 **10명 중**
4.7 명이 보는 교과서

영어 고등 교과…
(7차, 2007 개정, …

능률보카

그동안 판매된
능률VOCA 1,100만 부

대한민국 박스오피스
천만명을 넘은 영화
단 28개

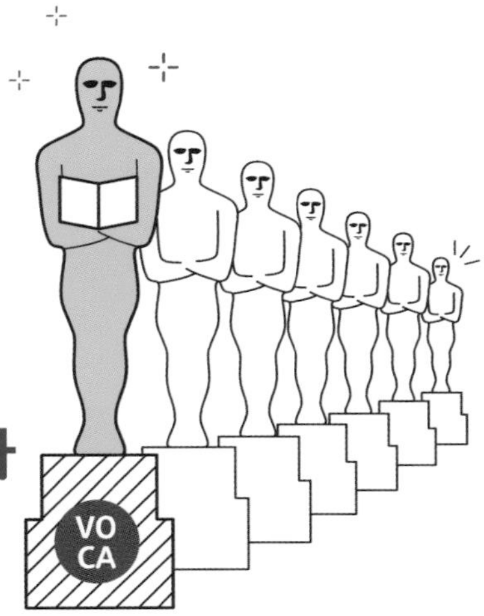

리딩튜터

그동안 판매된
리딩튜터 1,800만 부
차곡차곡 쌓으면 18만 미터

에베레스트
20 배 높이

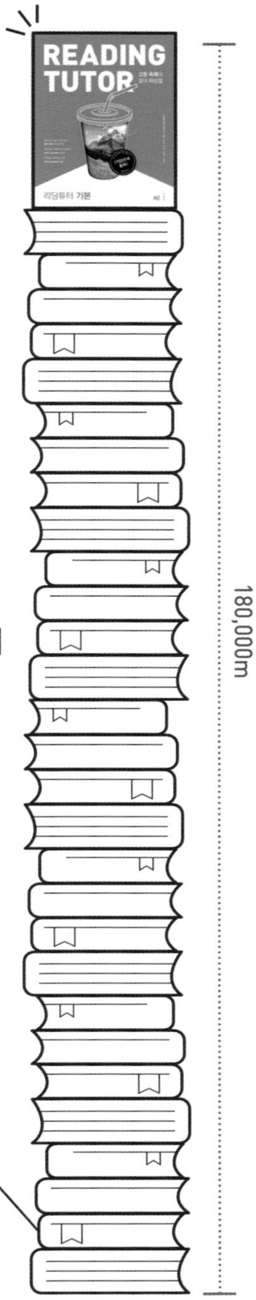

그래머존

그동안 판매된 400만 부의 그래머존을 바닥에 쭉 ~ 깔면
1000km 서울-부산 왕복가능

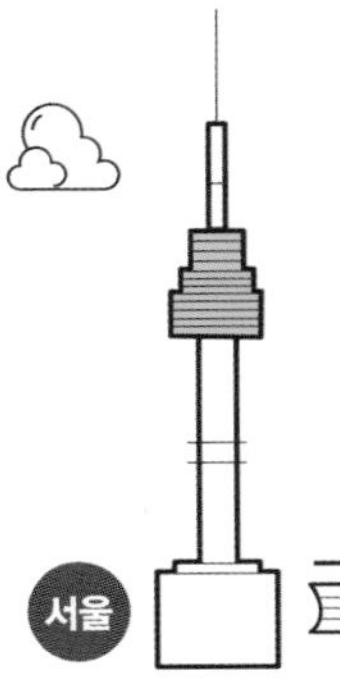

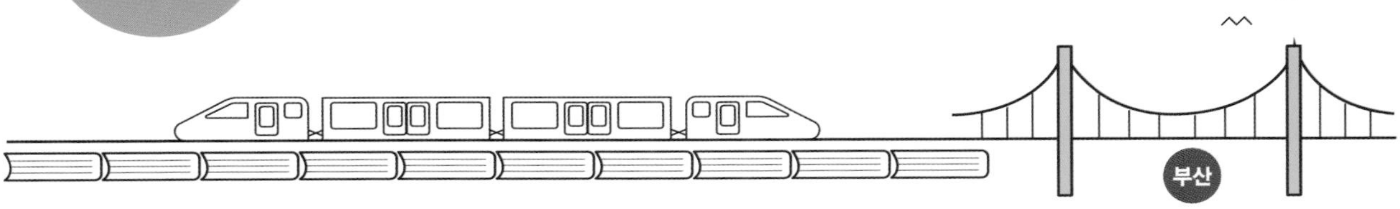

NELT
문법 실전 모의고사 LEVEL 7

지은이	NELT 평가연구소
선임 연구원	김지현
연구원	윤인아, 백인경, 이연송
영문교열	Angela Lan
디자인	민유화
맥편집	김미진
영업 책임	김영일

NELT

Neungyule English Level Test

—

문법 실전 모의고사

LEVEL 7

NELT(Neungyule English Level Test)란?

NELT(넬트)는 영어교육 전문기업 NE능률이 한국 교육과정 기준으로 개발한 IBT(Internet Based Test) 방식의 영어 레벨 테스트입니다. 응시자 수준에 맞는 문항을 통해 영역별(어휘 • 문법 • 듣기 • 독해) 실력을 정확하게 측정하고 전국 단위 객관적 평가 지표와 맞춤형 학습 처방을 제공합니다. NELT를 통해 중고등 내신 • 수능에 대비하는 학생들의 약점을 파악하고, 효율적인 학습으로 실질적인 성적 향상을 도모할 수 있습니다.

시험 특징

⊙ 영역별 심화 학습 가능

정확한 어휘 활용 능력 측정

형태 | 의미 | 쓰임

약 1만 개 어휘를 토대로 설계한 다양한 문제 유형을 통해, 어휘의 형태/의미/쓰임을 제대로 알고 있는지 평가하여 정확한 어휘 활용 능력을 측정

문법 항목별 약점에 따라 처방

활용 | 판단

응시자가 문법적 맥락에 맞게 사용하지 못한 문법 항목들을 구체적으로 제공함으로써 올바른 문법 학습 방향을 제시

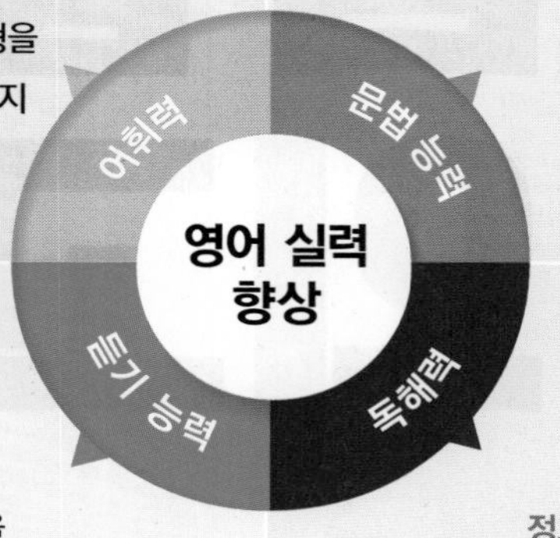

듣기 시험 대비와 의사소통 능력 향상

정보 파악 | 문제 해결 | 표현

교육부 듣기 영역 성취 기준에 따라 정보 이해력, 논리력, 문제 해결력, 추론 능력 등을 평가하여, 내신 및 수능 듣기 평가에 대비

심도 있는 평가를 통한 읽기 능력 향상

정보 파악 | 논리적 사고 | 문제 해결

교육부 읽기 영역 성취 기준에 따라 정보 이해력, 논리력, 문제 해결력, 추론 능력 등을 평가하여, 내신 및 수능 독해 평가에 대비

⊙ 편리한 접근성

- PC/태블릿/스마트폰 등으로 언제 어디서나 원하는 날짜와 시간에 응시
- 학생 응시 완료 후 성적 결과를 곧바로 확인

⊙ 정확한 실력 측정

- 응시자 실력에 따라 난이도가 결정되는 반응형 테스트
- Pre-test(어휘) 결과에 따라 응시자 수준에 적합한 영역별 문항 출제

⊙ 상세한 성적표

- 한국 교육과정 기준의 객관적 지표로 영역별 실력 진단
- 내신 • 수능 대비에 최적화한 맞춤형 학습 처방 제공

NELT 요약 성적표 예시 ▶

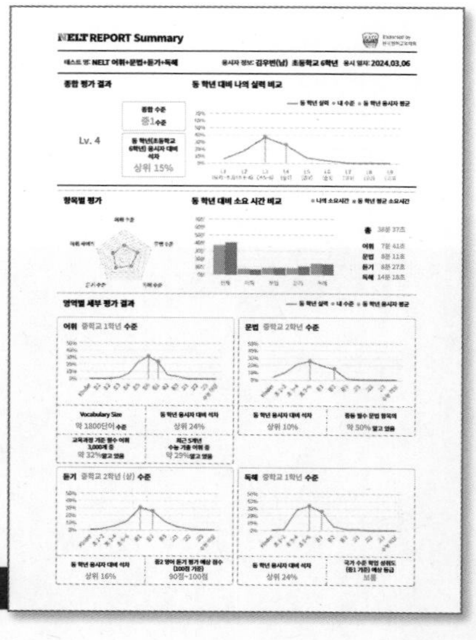

시험 구성

⊙ 시험 종류

※ Pre-test(어휘) 제외

구분	테스트 영역	문항 수 / 제한시간
종합 테스트	NELT 어휘+문법+듣기+독해	68문항 / 65분
선택형 테스트	NELT 어휘+문법	40문항 / 26분

⊙ 영역별 세부 구성

※ Pre-test(어휘) 결과에 따라 영역별 응시 문항 난이도가 결정됨

구분	Pre-test (어휘)	어휘	문법	듣기	독해
평가 내용	어휘의 철자와 의미를 안다.	문맥 속에서 어휘의 다양한 의미와 쓰임을 이해하고 사용할 수 있다.	어법의 올바른 쓰임을 알고 활용할 수 있다.	대화나 담화를 듣고 내용을 적절히 파악하고 이해할 수 있다.	글을 읽고 글의 주제와 세부 사항, 논리적 흐름을 파악하고 이해할 수 있다.
평가 유형	단어 의미 이해하기	- 단어 이해하고 문맥에서 활용하기 - 상관 관계 파악하기 - 다의어 이해하기 - 알맞은 단어 사용하기	- 어법성 판단하기 - 어법에 맞게 사용하기	- 대의 파악하기 - 세부 사항 파악하기 - 추론하기 - 적절한 표현 고르기	- 대의 파악하기 - 세부 사항 파악하기 - 추론하기 - 논리적 관계 파악하기
답안 유형	객관식	객관식+주관식	객관식+주관식	객관식	객관식
문항 수	30~40문항	20문항	20문항	12문항	16문항
제한시간 /평균 소요시간	10분/4분	10분/7분	16분/11분	14분/9분	25분/13분

⊙ 레벨 구성

레벨	1	2	3	4	5	6	7	8	9
학년	Kinder~초2	초3~초4	초5~초6	중1	중2	중3	고1	고2	고3
난이도	유치 ~초등 기초	초등 기본	초등 심화	중등 기초	중등 기본	중등 심화	고등 기초	고등 기본	수능 실전

NELT 고득점을 위한 이 책의 사용법

① 실전 모의고사 응시

NELT 문법 영역에서 출제 가능성이 있는 모의고사 문제를 풀고 실력을 점검할 수 있습니다.

② 문법 출제 포인트 확인

문항별 출제 포인트를 확인하며 취약한 부분을 점검해 보세요. 반복되는 학년별 주요 문법 사항을 정확히 알고 있는지 확인할 수 있습니다.

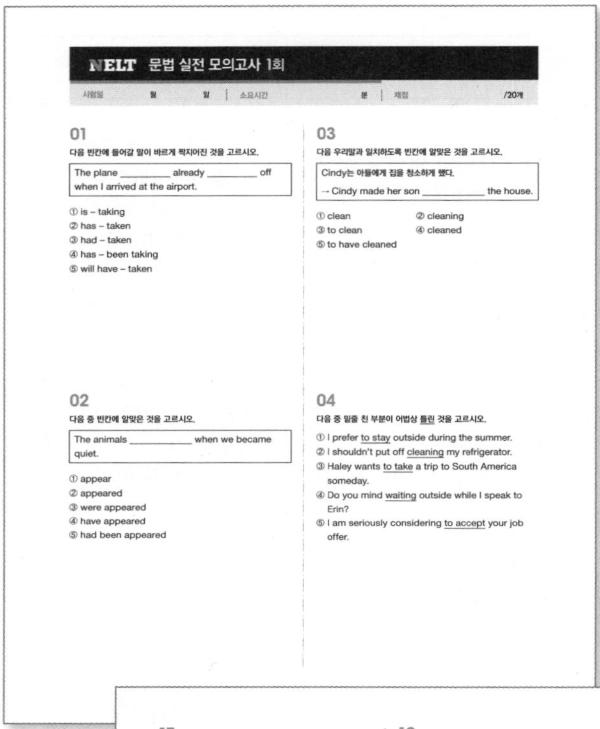

NELT 문법 실전 모의고사 1회

시행일 월 일 | 소요시간 분 | 채점 /20개

01
다음 빈칸에 들어갈 말이 바르게 짝지어진 것을 고르시오.

The plane ________ already ________ off when I arrived at the airport.

① is – taking
② has – taken
③ had – taken
④ has – been taking
⑤ will have – taken

02
다음 중 빈칸에 알맞은 것을 고르시오.

The animals ________ when we became quiet.

① appear
② appeared
③ were appeared
④ have appeared
⑤ had been appeared

03
다음 우리말과 일치하도록 빈칸에 알맞은 것을 고르시오.

Cindy는 아들에게 집을 청소하게 했다.
→ Cindy made her son ________ the house.

① clean ② cleaning
③ to clean ④ cleaned
⑤ to have cleaned

04
다음 중 밑줄 친 부분이 어법상 틀린 것을 고르시오.

① I prefer to stay outside during the summer.
② I shouldn't put off cleaning my refrigerator.
③ Haley wants to take a trip to South America someday.
④ Do you mind waiting outside while I speak to Erin?
⑤ I am seriously considering to accept your job offer.

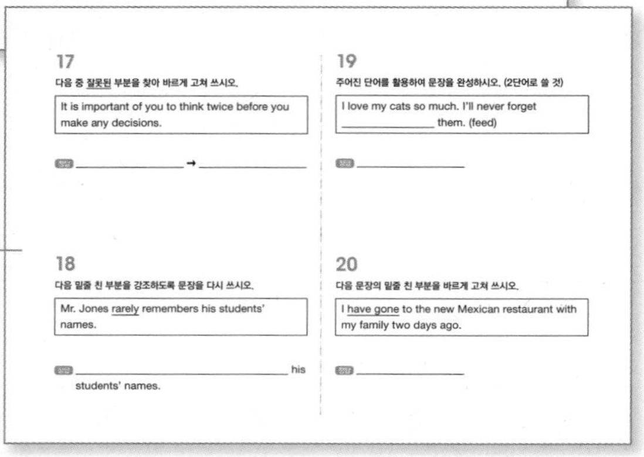

17
다음 중 잘못된 부분을 찾아 바르게 고쳐 쓰시오.

It is important of you to think twice before you make any decisions.

정답 ________ → ________

18
다음 밑줄 친 부분을 강조하도록 문장을 다시 쓰시오.

Mr. Jones rarely remembers his students' names.

정답 ________ his students' names.

19
주어진 단어를 활용하여 문장을 완성하시오. (2단어로 쓸 것)

I love my cats so much. I'll never forget ________ them. (feed)

정답 ________

20
다음 문장의 밑줄 친 부분을 바르게 고쳐 쓰시오.

I have gone to the new Mexican restaurant with my family two days ago.

정답 ________

서술형 문항

실제 NELT 시험과 동일한 유형의 서술형 문항을 통해 NELT의 서술형 문항에 대비할 수 있어요.

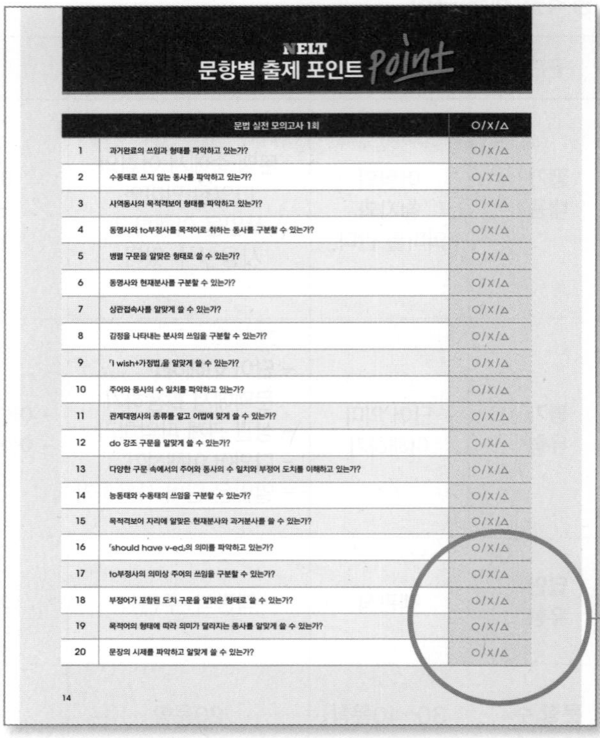

NELT 문항별 출제 포인트 Point

문법 실전 모의고사 1회		O/X/△
1	과거완료의 쓰임과 형태를 파악하고 있는가?	O/X/△
2	수동태로 쓰지 않는 동사를 파악하고 있는가?	O/X/△
3	사역동사의 목적격보어 형태를 파악하고 있는가?	O/X/△
4	동명사와 to부정사를 목적어로 취하는 동사를 구분할 수 있는가?	O/X/△
5	병렬 구문을 알맞은 형태로 쓸 수 있는가?	O/X/△
6	동명사와 현재분사를 구분할 수 있는가?	O/X/△
7	상관접속사를 알맞게 쓸 수 있는가?	O/X/△
8	감정을 나타내는 분사의 쓰임을 구분할 수 있는가?	O/X/△
9	「I wish+가정법」을 알맞게 쓸 수 있는가?	O/X/△
10	주어와 동사의 수 일치를 파악하고 있는가?	O/X/△
11	관계대명사의 종류를 알고 어법에 맞게 쓸 수 있는가?	O/X/△
12	do 강조 구문을 알맞게 쓸 수 있는가?	O/X/△
13	다양한 구문 속에서의 주어와 동사의 수 일치와 부정어 도치를 이해하고 있는가?	O/X/△
14	능동태와 수동태의 쓰임을 구분할 수 있는가?	O/X/△
15	목적격보어 자리에 알맞은 현재분사와 과거분사를 쓸 수 있는가?	O/X/△
16	「should have v-ed」의 의미를 파악하고 있는가?	O/X/△
17	to부정사의 의미상 주어의 쓰임을 구분할 수 있는가?	O/X/△
18	부정어가 포함된 도치 구문을 알맞은 형태로 쓸 수 있는가?	O/X/△
19	목적어의 형태에 따라 의미가 달라지는 동사를 알맞게 쓸 수 있는가?	O/X/△
20	문장의 시제를 파악하고 알맞게 쓸 수 있는가?	O/X/△

14

이해도 체크

문항별 출제 포인트에 대한 이해도를 O/X/△로 표시하며 스스로 점검할 수 있어요.

③ STUDY BOOK으로 재점검

각 문항별 문법 포인트와 자세한 설명을 수록하여 문제의 핵심을 쉽게 파악할 수 있는 STUDY BOOK이 제공됩니다. 자세한 문법 설명을 통해 해당 문법 포인트를 한 번 더 집중적으로 학습하는데 활용해 보세요.

④ 복습 모의고사로 마무리

복습 모의고사 2회를 풀면서 각 문항의 정답을 꼼꼼하게 살펴보세요. 학년별 주요 문법 사항을 통합적으로 정리할 수 있습니다.

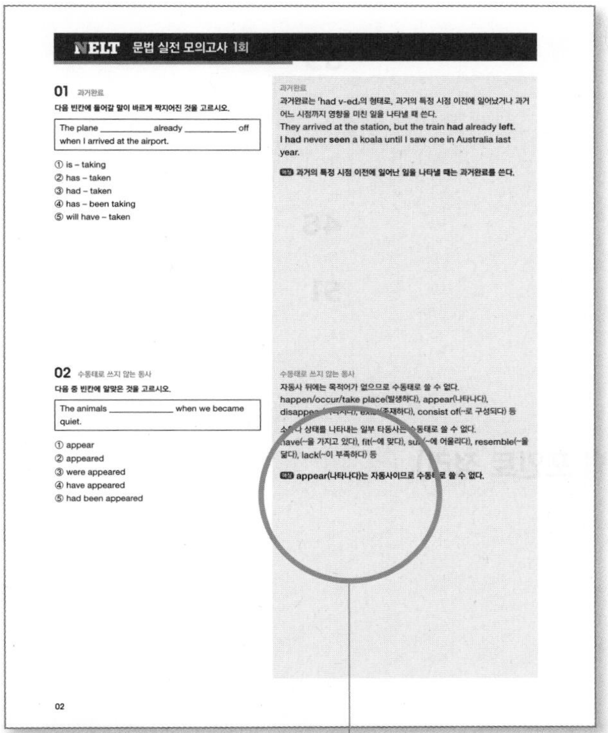

NELT 문법 실전 모의고사 1회

01 과거완료
다음 빈칸에 들어갈 말이 바르게 짝지어진 것을 고르시오.
The plane ________ already ________ off when I arrived at the airport.
① is – taking
② has – taken
③ had – taken
④ has – been taking
⑤ will have – taken

과거완료
과거완료는 'had v-ed'의 형태로, 과거의 특정 시점 이전에 일어났거나 과거 어느 시점까지 영향을 미친 일을 나타낼 때 쓴다.
They arrived at the station, but the train had already left.
I had never seen a koala until I saw one in Australia last year.
과거의 특정 시점 이전에 일어난 일을 나타낼 때는 과거완료를 쓴다.

02 수동태로 쓰지 않는 동사
다음 중 빈칸에 알맞은 것을 고르시오.
The animals ____________ when we became quiet.
① appear
② appeared
③ were appeared
④ have appeared
⑤ had been appeared

수동태로 쓰지 않는 동사
자동사 뒤에는 목적어가 없으므로 수동태로 쓸 수 없다.
appear(나타나다)는 자동사이므로 수동태로 쓸 수 없다.

02

문법 포인트
문제에서 다룬 문법 포인트를 키워드로 제시한 후 자세한 설명을 제공합니다. 문법 사항에 대한 추가 학습을 통해 해당 문법을 자세히 이해할 수 있어요.

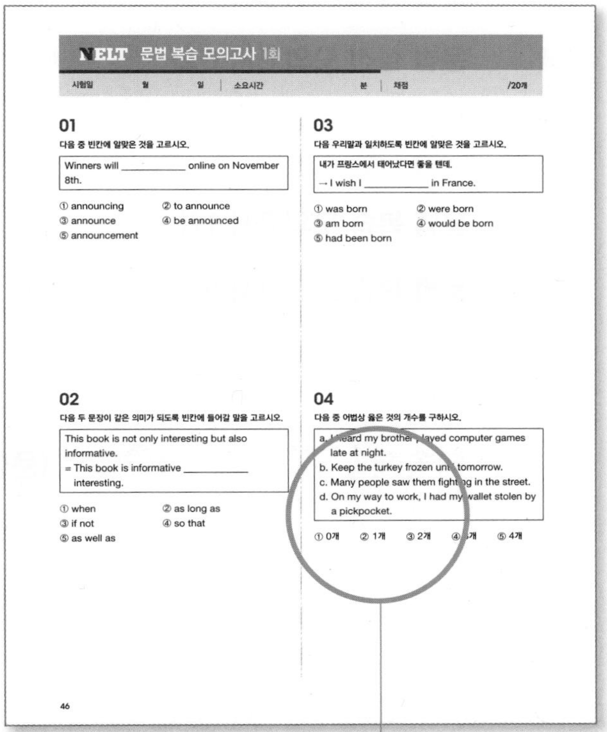

NELT 문법 복습 모의고사 1회

01
다음 중 빈칸에 알맞은 것을 고르시오.
Winners will ____________ online on November 8th.
① announcing ② to announce
③ announce ④ be announced
⑤ announcement

02
다음 두 문장이 같은 의미가 되도록 빈칸에 들어갈 말을 고르시오.
This book is not only interesting but also informative.
= This book is informative ____________ interesting.
① when ② as long as
③ if not ④ so that
⑤ as well as

03
다음 우리말과 일치하도록 빈칸에 알맞은 것을 고르시오.
내가 프랑스에서 태어났다면 좋을 텐데.
→ I wish I ____________ in France.
① was born ② were born
③ am born ④ would be born
⑤ had been born

04
다음 중 어법상 옳은 것의 개수를 구하시오.
b. Keep the turkey frozen until tomorrow.
c. Many people saw them fighting in the street.

46

복습 모의고사
실전 모의고사 문항 중 핵심 문항으로 선별된 복습 모의고사를 통해 학년별로 출제 가능성이 높은 문항을 복습할 수 있어요.

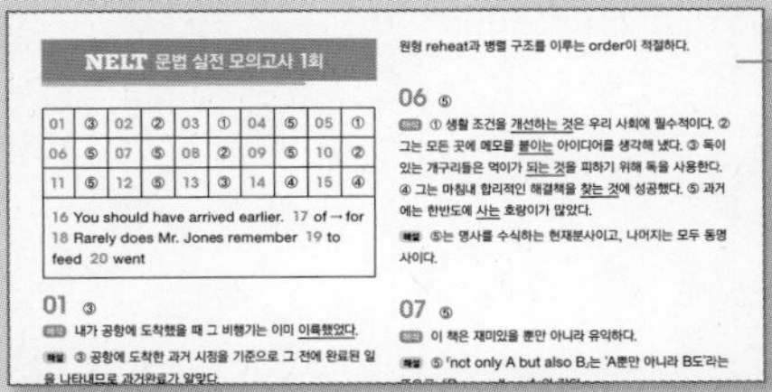

NELT 문법 실전 모의고사 1회

01	③	02	②	03	①	04	⑤	05	①
06	⑤	07	⑤	08	②	09	⑤	10	②
11	⑤	12	⑤	13	③	14	④	15	④

16 You should have arrived earlier. 17 of → for 18 Rarely does Mr. Jones remember 19 to feed 20 went

정답 및 해설 활용
모든 문항에 대한 해석, 해설을 통해 혼자서도 충분히 학습할 수 있어요.
친절한 해설을 통해 정답을 찾는 방법을 학습할 수 있습니다.

CONTENTS

NELT

“

Success is the sum of

small efforts,

repeated day in and day out.

”

NELT
Neungyule English Level Test
문법 실전 모의고사

NELT 문법 실전 모의고사 1회

시험일 월 일 | 소요시간 분 | 채점 /20개

01

다음 빈칸에 들어갈 말이 바르게 짝지어진 것을 고르시오.

The plane ________ already ________ off when I arrived at the airport.

① is – taking
② has – taken
③ had – taken
④ has – been taking
⑤ will have – taken

02

다음 중 빈칸에 알맞은 것을 고르시오.

The animals ________ when we became quiet.

① appear
② appeared
③ were appeared
④ have appeared
⑤ had been appeared

03

다음 우리말과 일치하도록 빈칸에 알맞은 것을 고르시오.

Cindy는 아들에게 집을 청소하게 했다.
→ Cindy made her son ________ the house.

① clean
② cleaning
③ to clean
④ cleaned
⑤ to have cleaned

04

다음 중 밑줄 친 부분이 어법상 틀린 것을 고르시오.

① I prefer to stay outside during the summer.
② I shouldn't put off cleaning my refrigerator.
③ Haley wants to take a trip to South America someday.
④ Do you mind waiting outside while I speak to Erin?
⑤ I am seriously considering to accept your job offer.

05

다음 중 빈칸에 알맞은 것을 고르시오.

He will either reheat the leftovers or __________ a pizza for dinner.

① order ② orders
③ ordering ④ ordered
⑤ to order

06

다음 중 밑줄 친 부분의 쓰임이 나머지와 다른 것을 고르시오.

① Improving living conditions is vital to our society.
② He came up with the idea of posting notes everywhere.
③ Poisonous frogs use their toxins to avoid becoming a meal.
④ He finally succeeded in finding a reasonable solution.
⑤ There were many tigers living on the Korean peninsula in the past.

07

다음 두 문장이 같은 의미가 되도록 빈칸에 들어갈 말을 고르시오.

This book is not only interesting but also informative.
= This book is informative __________ interesting.

① when ② as long as
③ if not ④ so that
⑤ as well as

08

다음 중 빈칸에 알맞은 것을 고르시오.

She was so __________ that she accidentally closed the box.

① surprising ② surprised
③ surprise ④ to surprise
⑤ surprises

09

다음 우리말과 일치하도록 빈칸에 알맞은 것을 고르시오.

> 내가 프랑스에서 태어났다면 좋을 텐데.
>
> → I wish I ____________ in France.

① was born　② were born
③ am born　④ would be born
⑤ had been born

10

다음 빈칸에 들어갈 말이 바르게 짝지어진 것을 고르시오.

> • Every student __________ wearing a hat.
> • Mathematics __________ the most difficult subject for me.

① were – are　② was – is
③ were – is　④ was – are
⑤ has – is

11

다음 중 어법상 옳은 것을 고르시오.

① English is the only subject whom I like.
② I have a sister whose likes swimming.
③ I know a girl that brother is a famous actor.
④ You can use which is around you to make tools.
⑤ I lent him the book which I bought yesterday.

12

다음 우리말과 일치하도록 빈칸에 알맞은 것을 고르시오.

> 나는 정말 극장 앞에서 너를 기다렸다.
>
> → I __________ wait for you in front of the theater.

① am　② is
③ do　④ does
⑤ did

13

다음 중 밑줄 친 부분이 어법상 틀린 것을 고르시오.

① Each person is surrounded by a few cats.
② Never did he mention why he left his hometown.
③ The movie is about a dog that truly love its owner.
④ The paintings hanging on the classroom wall are Sara's.
⑤ An article about the Olympics was published in the school newspaper.

14

다음 중 빈칸에 알맞은 것을 고르시오.

Winners will ____________ online on November 8th.

① announcing
② to announce
③ announce
④ be announced
⑤ announcement

15

다음 중 어법상 옳은 것의 개수를 구하시오.

a. I heard my brother played computer games late at night.
b. Keep the turkey frozen until tomorrow.
c. Many people saw them fighting in the street.
d. On my way to work, I had my wallet stolen by a pickpocket.

① 0개 ② 1개 ③ 2개 ④ 3개 ⑤ 4개

16

다음 우리말과 일치하도록 주어진 단어를 활용하여 문장을 완성하시오. (5단어로 쓸 것)

동호회 회원들 모두가 막 출발했다. 너는 더 일찍 도착했어야 했다. (arrive, earlier)

정답 All of the club members have just departed.

____

17

다음 중 잘못된 부분을 찾아 바르게 고쳐 쓰시오.

It is important of you to think twice before you make any decisions.

정답 ____________ → ____________

18

다음 밑줄 친 부분을 강조하도록 문장을 다시 쓰시오.

Mr. Jones rarely remembers his students' names.

정답 ______________________ his students' names.

19

주어진 단어를 활용하여 문장을 완성하시오. (2단어로 쓸 것)

I love my cats so much. I'll never forget ____________ them. (feed)

정답 ____________

20

다음 문장의 밑줄 친 부분을 바르게 고쳐 쓰시오.

I have gone to the new Mexican restaurant with my family two days ago.

정답 ____________

NELT
문항별 출제 포인트 Point

	문법 실전 모의고사 1회	O/X/△
1	과거완료의 쓰임과 형태를 파악하고 있는가?	O/X/△
2	수동태로 쓰지 않는 동사를 파악하고 있는가?	O/X/△
3	사역동사의 목적격보어 형태를 파악하고 있는가?	O/X/△
4	동명사와 to부정사를 목적어로 취하는 동사를 구분할 수 있는가?	O/X/△
5	병렬 구문을 알맞은 형태로 쓸 수 있는가?	O/X/△
6	동명사와 현재분사를 구분할 수 있는가?	O/X/△
7	상관접속사를 알맞게 쓸 수 있는가?	O/X/△
8	감정을 나타내는 분사의 쓰임을 구분할 수 있는가?	O/X/△
9	「I wish+가정법」을 알맞게 쓸 수 있는가?	O/X/△
10	주어와 동사의 수 일치를 파악하고 있는가?	O/X/△
11	관계대명사의 종류를 알고 어법에 맞게 쓸 수 있는가?	O/X/△
12	do 강조 구문을 알맞게 쓸 수 있는가?	O/X/△
13	다양한 구문 속에서의 주어와 동사의 수 일치와 부정어 도치를 이해하고 있는가?	O/X/△
14	능동태와 수동태의 쓰임을 구분할 수 있는가?	O/X/△
15	목적격보어 자리에 알맞은 현재분사와 과거분사를 쓸 수 있는가?	O/X/△
16	「should have v-ed」의 의미를 파악하고 있는가?	O/X/△
17	to부정사의 의미상 주어의 쓰임을 구분할 수 있는가?	O/X/△
18	부정어가 포함된 도치 구문을 알맞은 형태로 쓸 수 있는가?	O/X/△
19	목적어의 형태에 따라 의미가 달라지는 동사를 알맞게 쓸 수 있는가?	O/X/△
20	문장의 시제를 파악하고 알맞게 쓸 수 있는가?	O/X/△

NELT 문법 실전 모의고사 2회

시험일 월 일 | 소요시간 분 | 채점 /20개

01

다음 빈칸에 공통으로 들어갈 말을 고르시오.

- The girl's eyes were filled _________ tears.
- We're very pleased _________ our new products.

① with
② of
③ by
④ about
⑤ from

02

다음 우리말과 일치하도록 빈칸에 알맞은 것을 고르시오.

Cathy는 예전에 그 병원의 간호사였다.
→ Cathy _________ be a nurse at the hospital.

① might
② would
③ used to
④ was able to
⑤ would rather

03

다음 중 빈칸에 알맞은 것을 고르시오.

I couldn't help _________ when I saw him.

① smile
② smiled
③ smiling
④ to smile
⑤ of smiling

04

다음 두 문장이 같은 의미가 되도록 빈칸에 들어갈 말을 고르시오.

If you are not busy, I'd like to talk to you.
= _________ you are busy, I'd like to talk to you.

① Unless
② Though
③ Even if
④ Whether
⑤ Neither

05

다음 중 빈칸에 알맞은 것을 고르시오.

Kate ________ the painting to look at it closely.

① approached ② approaching
③ to approach ④ approach
⑤ be approached

06

다음 중 밑줄 친 부분의 쓰임이 나머지와 다른 것을 고르시오.

① It is necessary that you treat the people around you fairly.
② The best thing was that we were all allowed to go home early.
③ I agree that self-discipline is an important factor in success.
④ They denied the rumor that the company is likely to go bankrupt.
⑤ I like blogs that have humorous posts.

07

다음 우리말을 영어로 바르게 옮긴 것을 고르시오.

너는 그녀에게 이메일을 보내거나 그녀를 방문해야 한다.

① You should send her an email and visit her.
② You should not send her an email but visit her.
③ You should both send her an email and visit her.
④ You should either send her an email or visit her.
⑤ You should not only send her an email but also visit her.

08

다음 문장의 밑줄 친 부분을 바르게 고친 것을 고르시오.

His family has gone to Japan five years ago.

① goes ② went
③ is going ④ has been going
⑤ will have gone

09

다음 중 밑줄 친 부분이 어법상 틀린 것을 고르시오.

① He is not always polite.
② Not all students are able to afford a university education.
③ Though rich, she is unhappy.
④ While doing the laundry, don't forget to add some soap.
⑤ Your guess which Betty is from Canada is wrong.

10

다음 우리말과 일치하도록 빈칸에 알맞은 것을 고르시오.

> 아무리 감사의 말씀을 드려도 부족할 것 같아요.
> → Never ______________ you enough.

① I can thank ② I can't thank
③ can thank I ④ can I thank
⑤ can't I thank

11

다음 두 문장이 같은 의미가 되도록 빈칸에 들어갈 말을 고르시오.

> Microsoft has released a new version of Windows.
> = A new version of Windows ______________.

① is released
② was released
③ has being released
④ has been released
⑤ had been released

12

다음 중 밑줄 친 부분의 쓰임이 나머지와 다른 것을 고르시오.

① Eating fast food can lead to many serious health issues.
② My sister complained of feeling sick after we ate pizza for lunch.
③ You should give up drinking coffee while you take this medicine.
④ Could you postpone telling them about our plans?
⑤ Most of the people sitting at the back of the bus were heading to school.

13

다음 빈칸에 들어갈 말이 바르게 짝지어진 것을 고르시오.

- Most of the survivors __________ children.
- Each of them __________ something to do.

① was – has
② were – have
③ was – is
④ were – has
⑤ were – are

14

다음 글의 밑줄 친 부분 중 어법상 틀린 것을 고르시오.

She felt ① embarrassed when her name was unexpectedly ② called. ③ Stepping up to the microphone, she could feel the sweat ④ started ⑤ to run down her neck.

15

다음 중 밑줄 친 부분이 어법상 틀린 것을 고르시오.

① That's the reason why he was so upset.
② She was the first Asian that climbed the mountain.
③ Swimming is a skill which anyone can learn.
④ Look at the man who is sitting on the floor!
⑤ The way how he looked at me made me feel happy.

16

다음 우리말과 일치하도록 주어진 단어를 활용하여 문장을 완성하시오. (3단어로 쓸 것)

나는 너무 신나서 뭐라고 말할지 모르겠다. (say)

정답 I'm so excited that I don't know ______________ ______________.

17

다음 두 문장이 같은 뜻이 되도록 빈칸에 알맞은 말을 쓰시오.

Marvin hugged me, and tears were running down his cheeks.
= Marvin hugged me with tears ____________ down his cheeks.

정답 ____________________

18

다음 우리말과 일치하도록 주어진 단어를 바르게 배열하시오.

어젯밤에 눈이 왔었다면, 우리는 지금 눈싸움을 할 수 있을 텐데.
(a snowball fight, could, we, have)

정답 If it had snowed last night, ________________ ________________________________ now.

19

다음 밑줄 친 부분을 강조하여 문장을 다시 쓸 때, 빈칸에 알맞은 말을 쓰시오.

We're supposed to leave <u>at nine o'clock</u>.

정답 It is ________________________________ ________________________________.

20

다음 문장의 밑줄 친 부분을 바르게 고쳐 쓰시오.

A: I don't like Mondays.
B: Neither <u>I do</u>.

정답 ____________________

NELT

문항별 출제 포인트 Point

	문법 실전 모의고사 2회	O/X/△
1	by 이외의 전치사를 쓰는 수동태를 파악하고 있는가?	O/X/△
2	조동사 used to의 의미를 파악하고 있는가?	O/X/△
3	동명사의 관용 표현을 파악하고 있는가?	O/X/△
4	조건을 나타내는 종속접속사를 알맞게 쓸 수 있는가?	O/X/△
5	동사와 준동사의 쓰임을 구분할 수 있는가?	O/X/△
6	종속접속사 that과 관계대명사 that을 구분할 수 있는가?	O/X/△
7	상관접속사를 알맞게 쓸 수 있는가?	O/X/△
8	문장의 시제를 파악하고 알맞게 쓸 수 있는가?	O/X/△
9	부분 부정, 부사절에서 「주어+be동사」가 생략되는 경우 및 동격의 that을 이해하고 있는가?	O/X/△
10	부정어가 포함된 도치 구문을 알맞은 형태로 쓸 수 있는가?	O/X/△
11	수동태를 시제에 맞게 쓸 수 있는가?	O/X/△
12	동명사와 현재분사를 구분할 수 있는가?	O/X/△
13	주어와 동사의 수 일치를 파악하고 있는가?	O/X/△
14	감정을 나타내는 분사의 쓰임과 분사구문, 지각동사의 목적격보어를 알맞은 형태로 쓸 수 있는가?	O/X/△
15	관계부사와 관계대명사의 종류를 알고 어법에 맞게 쓸 수 있는가?	O/X/△
16	「의문사+to부정사」의 쓰임을 파악하고 있는가?	O/X/△
17	「with+목적어+분사」 구문을 파악하고 있는가?	O/X/△
18	혼합가정법의 쓰임을 알고 알맞은 형태로 쓸 수 있는가?	O/X/△
19	「It is[was] ~ that …」 강조구문을 알맞게 쓸 수 있는가?	O/X/△
20	neither가 포함된 도치 구문을 알맞은 형태로 쓸 수 있는가?	O/X/△

NELT 문법 실전 모의고사 3회

시험일	월	일	소요시간	분	채점	/20개

01

다음 우리말과 일치하도록 빈칸에 알맞은 것을 고르시오.

> Justin은 우리 반의 다른 어떤 소년보다도 인기가 많다.
> → Justin is ____________ than any other boy in my class.

① popular ② popularer
③ the popularest ④ more popular
⑤ the most popular

02

다음 두 문장이 같은 의미가 되도록 빈칸에 들어갈 말을 고르시오.

> The country in which I live is very cold.
> = The country ____________ I live is very cold.

① which ② that
③ what ④ wherever
⑤ where

03

다음 빈칸에 들어갈 말이 바르게 짝지어진 것을 고르시오.

> • Respecting the rules __________ more important than winning games.
> • The applicants that we've had for the job __________ well qualified.

① are – is ② are – are
③ is – is ④ is – are
⑤ are – were

04

다음 중 빈칸에 알맞은 것을 고르시오.

> The doctor ____________ an X-ray of my leg to examine the broken bone.

① took ② taking
③ taken ④ having taken
⑤ to take

05

다음 중 밑줄 친 부분이 어법상 <u>틀린</u> 것을 고르시오.

① Ross <u>will be fired</u> soon.
② They <u>were made work</u> in the head office.
③ He <u>was seen playing</u> basketball yesterday.
④ All my appointments <u>are taken care of</u> by my secretary.
⑤ The sick people <u>were looked after</u> by him for a week.

06

다음 우리말과 일치하도록 빈칸에 알맞은 것을 고르시오.

> Kelly는 멀리서 그녀의 이름이 불리는 것을 들었다.
> → Kelly heard her name ____________ from a distance.

① call
② calling
③ called
④ to call
⑤ having called

07

다음 문장에서 생략할 수 있는 것을 고르시오.

> Though I was hungry, I didn't eat anything after 6 p.m.

① Though
② Though I
③ I was
④ I didn't
⑤ eat anything

08

다음 우리말을 영어로 바르게 옮긴 것을 고르시오.

> 그녀는 운전할 때 교통 법규를 절대 어기지 않는다.

① She does violate traffic laws when she drives.
② Never she doesn't violate traffic laws when she drives.
③ Never does she violates traffic laws when she drives.
④ Never does she violate traffic laws when she drives.
⑤ Never do she violate traffic laws when she drives.

09

다음 우리말과 일치하도록 빈칸에 알맞은 것을 고르시오.

Robert는 개를 좋아하지 않고 나도 그렇지 않다. → Robert doesn't like dogs, and ____________.

① so am I ② so do I
③ neither will I ④ neither am I
⑤ neither do I

10

다음 중 어법상 옳은 것끼리 바르게 짝지어진 것을 고르시오.

a. I wish you are here with me now. b. He talked as if he known her. c. If the racers didn't wear gloves, their hands would get terribly hurt. d. She screamed as if she had lost her mind.

① a, b ② a, c
③ a, d ④ b, c
⑤ c, d

11

다음 빈칸에 공통으로 들어갈 말을 고르시오.

• I was disappointed __________ his lack of enthusiasm. • She is interested __________ fashion and cooking.

① of ② in
③ at ④ about
⑤ with

12

다음 중 밑줄 친 **that**의 쓰임이 나머지와 <u>다른</u> 것을 고르시오.

① The news <u>that</u> the president would visit France was announced.
② I found a website <u>that</u> sells picnic tables.
③ The fact <u>that</u> he lied to me made me upset.
④ Mike gave his opinion <u>that</u> watching TV a lot is bad for teens.
⑤ I heard the news <u>that</u> Kevin and Susan are getting married.

13

다음 두 문장이 같은 의미가 되도록 빈칸에 들어갈 말을 고르시오.

Because my parents are away for the week, I'm alone in the house.
= __________ away for the week, I'm alone in the house.

① Being
② To be
③ My parents being
④ My parents were
⑤ My parents having been

14

다음 우리말과 일치하도록 빈칸에 알맞은 것을 고르시오.

내가 Jessica와 함께 간 곳은 바로 Mark의 결혼식이었다.
→ It was Mark's wedding __________ I went to with Jessica.

① what
② when
③ that
④ who
⑤ which

15

다음 중 밑줄 친 부분이 틀린 것을 고르시오.

① Shoppers often buy things <u>that</u> are not really needed.
② You are allowed to either read books or <u>use</u> the computer.
③ Just go around and look at <u>what</u> you are buying.
④ <u>What</u> I like about him is that he is humorous.
⑤ There are other options <u>whose</u> are less expensive.

16

다음 우리말과 일치하도록 빈칸에 알맞은 말을 쓰시오.

나는 그 두 회사 중 어느 쪽도 믿을 만하지 않다고 생각한다.
→ I think __________ of the two companies is reliable.

정답 __________

17

다음 우리말과 일치하도록 주어진 단어를 바르게 배열하시오.

당신이 언제 태어나셨는지 제게 말씀해 주시겠어요? (you, born, when, were)

정답 Would you tell me ______________________

______________________?

18

다음 우리말과 일치하도록 주어진 단어를 활용하여 문장을 완성하시오. (4단어로 쓸 것)

한 남자가 그의 눈이 감긴 채로, 의자에 등을 기대고 있다. (with, eyes, close)

정답 A man is leaning back in his chair ____________

______________________.

19

다음 문장을 간접화법으로 바꿔 쓸 때, 빈칸에 알맞은 말을 쓰시오.

Nancy said, "I don't know what to do." → Nancy said that ______________________.

정답 ______________________

20

다음 문장의 밑줄 친 부분을 바르게 고쳐 쓰시오.

He said he got a text message from me, but I don't remember <u>to send</u> one.

정답 ______________________

NELT

문항별 출제 포인트 Point

문법 실전 모의고사 3회		O/X/△
1	비교급을 이용한 최상급 표현을 알맞은 형태로 쓸 수 있는가?	O/X/△
2	관계부사의 종류를 알고 어법에 맞게 쓸 수 있는가?	O/X/△
3	주어와 동사의 수 일치를 파악하고 있는가?	O/X/△
4	동사와 준동사의 쓰임을 구분할 수 있는가?	O/X/△
5	다양한 수동태를 알맞게 쓸 수 있는가?	O/X/△
6	지각동사의 목적격보어를 어법에 맞게 쓸 수 있는가?	O/X/△
7	부사절에서 「주어+be동사」가 생략되는 경우를 파악하고 있는가?	O/X/△
8	부정어가 포함된 도치 구문을 알맞은 형태로 쓸 수 있는가?	O/X/△
9	neither이 포함된 도치 구문을 알맞은 형태로 쓸 수 있는가?	O/X/△
10	다양한 가정법 표현을 파악하고 있는가?	O/X/△
11	by 이외의 전치사를 쓰는 수동태를 파악하고 있는가?	O/X/△
12	종속접속사 that과 관계대명사 that을 구분할 수 있는가?	O/X/△
13	분사구문을 알맞은 형태로 쓸 수 있는가?	O/X/△
14	「It is[was] ~ that ...」 강조 구문을 알맞게 쓸 수 있는가?	O/X/△
15	관계대명사의 종류를 이해하고 병렬 구문을 알맞은 형태로 쓸 수 있는가?	O/X/△
16	부정대명사의 의미를 알고 알맞게 쓸 수 있는가?	O/X/△
17	의문사가 있는 간접의문문을 어순에 맞게 쓸 수 있는가?	O/X/△
18	「with+목적어+분사」 구문을 파악하고 있는가?	O/X/△
19	간접화법을 알맞게 쓸 수 있는가?	O/X/△
20	목적어의 형태에 따라 의미가 달라지는 동사를 파악하고 있는가?	O/X/△

NELT 문법 실전 모의고사 4회

시험일 월 일	소요시간 분	채점 /20개

01

다음 우리말과 일치하도록 빈칸에 알맞은 것을 고르시오.

나는 어제부터 아무것도 먹지 않아서 몹시 배가 고프다.

→ I'm hungry because I ________ anything since yesterday.

① didn't eat
② don't eat
③ am not eating
④ haven't eaten
⑤ hadn't eaten

02

다음 두 문장이 같은 의미가 되도록 빈칸에 들어갈 말을 고르시오.

Ms. Brown is certainly not German.
= Ms. Brown ________ be German.

① can't
② won't
③ must not
④ don't have to
⑤ should not

03

다음 중 빈칸에 알맞은 것을 고르시오.

Some photos were shown ________ the witness.

① to
② from
③ at
④ about
⑤ as

04

다음 빈칸에 공통으로 들어갈 말을 고르시오.

- I am very satisfied ________ their service.
- The albums were covered ________ dust.

① to
② on
③ for
④ from
⑤ with

05

다음 우리말과 일치하도록 빈칸에 알맞은 것을 고르시오.

그런 말을 하다니 그녀는 무례하다. → It's rude __________ to say things like that.

① to her ② for her
③ of her ④ of hers
⑤ with hers

06

다음 중 어법상 옳은 것을 고르시오.

① I couldn't help cry watching the movie.
② She spent most of her time studying.
③ I feel like to go to a concert.
④ We decided not taking on the project.
⑤ I planned doing something for my parents.

07

다음 빈칸에 공통으로 들어갈 말을 고르시오.

• I don't know __________ he was married. • Call me anytime __________ you want to join our club.

① if ② what
③ that ④ whether
⑤ though

08

다음 두 문장이 같은 의미가 되도록 빈칸에 들어갈 말을 고르시오.

Eat anything that you want in this restaurant. = Eat __________ you want in this restaurant.

① that ② whatever
③ when ④ which
⑤ however

09

다음 빈칸에 들어갈 말이 바르게 짝지어진 것을 고르시오.

- Both Jerry and Sally __________ quite shy.
- Speaking ill of others __________ bad.

① are – is ② are – are
③ is – is ④ is – are
⑤ are – were

10

다음 중 밑줄 친 부분을 생략할 수 있는 것을 고르시오.

① Do you know the woman over there who is wearing the blue hat?
② Do not drive cars whose tires are worn.
③ The teacher to whom I talked answered all my questions.
④ I met a businessman who runs a big travel agency in Dubai.
⑤ Her friendly manner is what makes her special.

11

다음 우리말과 일치하도록 빈칸에 알맞은 것을 고르시오.

내가 그것을 더 빨리 끝냈다면 그 회의에 참석할 수 있었을 텐데.
→ If I had done it earlier, I __________ the meeting.

① attended
② could attend
③ had attended
④ have attended
⑤ could have attended

12

다음 두 문장이 같은 의미가 되도록 빈칸에 들어갈 말을 고르시오.

Having been in the same class for three years, we are very close to each other.
= __________ we have been in the same class for three years, we are very close to each other.

① While ② If
③ When ④ As
⑤ Though

13

다음 대화의 빈칸에 알맞은 말을 고르시오.

A: You didn't finish the report, did you?
B: ____________, but I forgot to submit it.

① I did finish it
② I finish it
③ I do finished it
④ Did I finish it
⑤ Do I finish it

14

다음 우리말을 영어로 바르게 옮긴 것을 고르시오.

너는 그녀가 왜 지각했는지 아니?

① Do you know was she late?
② Do you know why did she late?
③ Do you know why was she late?
④ Do you know that she was late?
⑤ Do you know why she was late?

15

다음 중 밑줄 친 that의 쓰임이 나머지와 다른 것을 고르시오.

① Do you believe that he can read people's minds?
② It is better that you make mistakes earlier in life than later.
③ The problem is that I don't know how to upload files.
④ The news that our team had lost the game disappointed us.
⑤ The kind man that helped the lost child received an award.

16

다음 중 잘못된 부분을 찾아 바르게 고쳐 쓰시오.

Shakespeare, that wrote many masterpieces, is one of my favorite writers.

정답 ____________ → ____________

17

다음 우리말과 일치하도록 주어진 단어를 활용하여 문장을 완성하시오.

그들은 프랑스 혁명이 1789년에 일어났다는 것을 알고 있다. (break out, in)

정답 They know that the French Revolution ________

____.

18

다음 문장에서 생략할 수 있는 부분을 찾아 쓰시오. (2단어로 쓸 것)

I will go and I will return these books right away.

정답 ________________________

19

다음 우리말과 일치하도록 주어진 단어를 활용하여 문장을 완성하시오. (4단어로 쓸 것)

이 스마트폰은 네 것보다 두 배만큼 더 비싸다. (as, expensive)

정답 This smartphone is ____________________________

__________________ yours.

20

다음 우리말과 일치하도록 주어진 단어를 바르게 배열하시오.

나는 모든 문제에는 해결책이 있다는 견해를 믿는다. (that, has, a solution, every, the idea, problem)

정답 I believe ____

____.

NELT
문항별 출제 포인트 Point

문법 실전 모의고사 4회		O/X/△
1	현재완료의 형태와 쓰임을 이해하고 있는가?	O/X/△
2	다양한 조동사 부정형의 의미를 파악하고 있는가?	O/X/△
3	4형식 문장의 수동태를 알맞게 쓸 수 있는가?	O/X/△
4	by 이외의 전치사를 쓰는 수동태를 파악하고 있는가?	O/X/△
5	to부정사의 의미상 주어의 쓰임을 구분할 수 있는가?	O/X/△
6	동명사의 관용 표현을 파악하고 동명사와 to부정사를 목적어로 취하는 동사를 구분할 수 있는가?	O/X/△
7	종속접속사 if의 쓰임을 이해하고 있는가?	O/X/△
8	복합관계대명사의 종류를 알고 어법에 맞게 쓸 수 있는가?	O/X/△
9	주어와 동사의 수 일치를 파악하고 있는가?	O/X/△
10	관계대명사를 생략할 수 있는 경우를 파악하고 있는가?	O/X/△
11	가정법 과거완료를 알맞은 형태로 쓸 수 있는가?	O/X/△
12	분사구문의 다양한 의미를 구분할 수 있는가?	O/X/△
13	do 강조 구문을 알맞게 쓸 수 있는가?	O/X/△
14	의문사가 있는 간접의문문을 어순에 맞게 쓸 수 있는가?	O/X/△
15	종속접속사 that과 관계대명사 that을 구분할 수 있는가?	O/X/△
16	관계대명사의 계속적 용법을 파악하고 있는가?	O/X/△
17	시제 일치의 예외를 이해하고 있는가?	O/X/△
18	반복 어구의 생략을 파악하고 있는가?	O/X/△
19	「배수사+as+원급+as」 구문을 알맞은 형태로 쓸 수 있는가?	O/X/△
20	동격의 that을 알맞게 쓸 수 있는가?	O/X/△

NELT 문법 실전 모의고사 5회

시험일 월 일 | 소요시간 분 | 채점 /20개

01

다음 우리말과 일치하도록 빈칸에 알맞은 것을 고르시오.

> 그는 나이가 들면 들수록 더 외로워졌다.
>
> → ____________ he got, the lonelier he became.

① Old ② Older
③ Oldest ④ The older
⑤ The oldest

02

다음 중 빈칸에 알맞은 것을 고르시오.

> Peter has two hobbies: one is fishing and __________ is cooking.

① other ② the other
③ others ④ another
⑤ some

03

다음 대화의 빈칸에 알맞은 말을 고르시오.

> A: I think David should be more careful.
> B: ____________________

① So am I. ② So do I.
③ So I am. ④ Neither do I.
⑤ Neither I do.

04

다음 두 문장이 같은 의미가 되도록 빈칸에 들어갈 말을 고르시오.

> After I had been late for work several times, I decided to get up earlier.
> = ____________ late for work several times, I decided to get up earlier.

① Be ② Being
③ Had been ④ Have been
⑤ Having been

05

다음 우리말과 일치하도록 빈칸에 알맞은 것을 고르시오.

그가 나에게 거짓말을 했을지도 모른다. → He ______________ to me.

① had better lie ② would rather lie
③ must have lied ④ may have lied
⑤ should have lied

06

다음 빈칸에 들어갈 말이 바르게 짝지어진 것을 고르시오.

- I don't worry about stability when I __________ a job.
- By the end of the party, I realized that Paul is an interesting person __________ to.

① choose – talks
② choosing – to talk
③ choose – to talk
④ choosing – talks
⑤ to choose – to talk

07

다음 중 어법상 틀린 것의 개수를 구하시오.

a. We are scheduled to take a train which leaves at 11:50 a.m.
b. They wanted to do something that might revive their dying community.
c. How can I cheer up a coworker whose father is in the hospital?
d. That you did today was brave, and we are all proud of you.

① 0개 ② 1개 ③ 2개 ④ 3개 ⑤ 4개

08

다음 각 네모 안에서 어법상 알맞은 것끼리 바르게 짝지어진 것을 고르시오.

- Most of his landscapes [was / were] done in shades of black.
- The blanket with flower patterns [looks / look] nice.
- Half of your body's weight [is / are] protein, excluding water.

① was – looks – is
② was – look – are
③ were – looks – is
④ were – looks – are
⑤ were – look – is

09

다음 우리말과 일치하도록 빈칸에 알맞은 것을 고르시오.

> Amy는 마치 나를 지지하는 것처럼 말한다.
> → Amy talks as if she ____________ me.

① support ② has supported
③ supported ④ was supporting
⑤ had supported

10

다음 중 밑줄 친 부분이 어법상 틀린 것을 고르시오.

① I have read the book three times.
② They have started dating last month.
③ Our sales have been on the rise recently.
④ He has gone to India and can't be reached.
⑤ I will let you know as soon as I have the details.

11

다음 중 어법상 옳은 것끼리 바르게 짝지어진 것을 고르시오.

> a. Bring as many volunteers to the meeting as you can.
> b. When tired, I just take a break at my desk.
> c. You can't ignore the fact what she repeatedly lied about her actions.
> d. Did you put the dirty clothes where I told you to?

① a, b ② a, c
③ a, d ④ a, b, c
⑤ a, b, d

12

다음 빈칸에 들어갈 말이 바르게 짝지어진 것을 고르시오.

> • They delayed __________ the winner of the contest.
> • The book helps you __________ mistakes when writing an English essay.

① to announce – avoid
② announcing – avoid
③ announcing – avoiding
④ to announce – avoid
⑤ announce – to avoid

13

다음 중 밑줄 친 부분이 어법상 옳은 것을 고르시오.

① My mother often makes a dish with the radio turning on.
② I saw a strange man walked around the park.
③ Several times he heard his name calling, but he ignored it.
④ It was embarrassed to make so many mistakes during my speech.
⑤ I was surprised when my son swallowed a five-cent coin.

14

다음 중 빈칸에 알맞은 것을 고르시오.

________ Nicole nor Susan went shopping with me.

① Both
② Either
③ Neither
④ If
⑤ As well as

15

다음 중 밑줄 친 부분이 어법상 틀린 것을 고르시오.

① My bike hit by a car yesterday and it broke.
② I wasn't hurt because I was in a store when it happened.
③ Karen was heard to cry in her dorm room.
④ Timothy resembles his older brother a lot.
⑤ The driver of the car was seen hitting my bike by a lady.

16

다음 우리말과 일치하도록 주어진 단어를 활용하여 문장을 완성하시오. (3단어로 쓸 것)

Jim은 올 때마다 항상 나에게 마실 무언가를 가져다준다. (come)

정답 ____________________, he always brings me something to drink.

17

다음 우리말과 같은 뜻이 되도록 주어진 단어를 바르게 배열하시오.

우리 중 아무도 아직 결혼을 원하지 않는다. (us, neither, wants, of)

정답 ______________________________
to get married yet.

18

다음 주어진 문장을 수동태로 바꿔 쓸 때, 밑줄 친 부분을 바르게 고쳐 쓰시오.

We laughed at his stupid plan. → His stupid plan was laughed by us.

정답 ______________________________

19

다음 밑줄 친 부분을 강조하여 문장을 다시 쓰시오.

I had never seen such carefully detailed work.

정답 ______________________________
____

20

다음 우리말과 일치하도록 잘못된 부분을 찾아 바르게 고쳐 쓰시오.

Charles는 바닥에 앉는 데 익숙하지 않았다. → Charles was not used to sit on the floor.

정답 ______________ → ______________

NELT
문항별 출제 포인트 Point

	문법 실전 모의고사 5회	O/X/△
1	「the+비교급 ~, the+비교급 ...」 표현을 알맞은 형태로 쓸 수 있는가?	O/X/△
2	부정대명사의 의미를 알고 알맞게 쓸 수 있는가?	O/X/△
3	so가 포함된 도치 구문을 알맞은 형태로 쓸 수 있는가?	O/X/△
4	분사구문을 알맞은 형태로 쓸 수 있는가?	O/X/△
5	「조동사+have v-ed」의 의미를 파악하고 있는가?	O/X/△
6	동사와 준동사의 쓰임을 구분할 수 있는가?	O/X/△
7	관계대명사의 종류를 알고 어법에 맞게 쓸 수 있는가?	O/X/△
8	다양한 구문에서의 주어와 동사의 수 일치를 이해하고 있는가?	O/X/△
9	as if[though] 가정법을 알맞게 쓸 수 있는가?	O/X/△
10	문장의 시제를 파악하고 알맞게 쓸 수 있는가?	O/X/△
11	반복 어구의 생략과 부사절에서 「주어+be동사」가 생략되는 경우 및 동격의 that을 이해하고 있는가?	O/X/△
12	동명사와 to부정사를 목적어로 취하는 동사와 help의 목적격보어를 이해하고 있는가?	O/X/△
13	「with+목적어+분사」 구문과 지각동사의 목적격보어, 감정을 나타내는 분사를 파악하고 있는가?	O/X/△
14	상관접속사를 알맞게 쓸 수 있는가?	O/X/△
15	능동태와 수동태의 쓰임과 형태를 알고 있는가?	O/X/△
16	복합관계부사의 종류를 알고 어법에 맞게 쓸 수 있는가?	O/X/△
17	전체 부정 표현을 알맞게 쓸 수 있는가?	O/X/△
18	동사구의 수동태를 알맞게 쓸 수 있는가?	O/X/△
19	부정어가 포함된 도치 구문을 알맞은 형태로 쓸 수 있는가?	O/X/△
20	동명사의 관용 표현을 파악하고 있는가?	O/X/△

NELT 문법 실전 모의고사 6회

시험일 월 일 | 소요시간 분 | 채점 /20개

01

다음 우리말과 일치하도록 빈칸에 알맞은 것을 고르시오.

> 어떤 여자도 우리 어머니보다 더 지혜롭지는 않다.
>
> → ________ woman is wiser than my mother.

① Any ② Some
③ No ④ All
⑤ Every

02

다음 중 빈칸에 알맞은 것을 고르시오.

> I have had my cell phone ________ at the service center a number of times.

① repair ② to repair
③ repaired ④ repairing
⑤ to repairing

03

다음 두 문장이 같은 의미가 되도록 빈칸에 들어갈 말을 고르시오.

> As I didn't join the cooking club, I could not see her more often.
>
> = If I ________ the cooking club, I could have seen her more often.

① join ② joined
③ would join ④ had joined
⑤ could have joined

04

다음 빈칸에 들어갈 말이 바르게 짝지어진 것을 고르시오.

> • Amy decided to stop eating fast food and ________ soda for her health.
>
> • Mr. Choi works hard not to make money but ________ an expert in the field.

① drink – to become
② drinking – to become
③ drink – becoming
④ drinking – becoming
⑤ drink – becomes

05

다음 우리말과 일치하도록 빈칸에 알맞은 것을 고르시오.

그가 돌아올 때쯤 나는 새 집으로 이사했을 것이다.

→ I ______________ into a new house by the time he comes back.

① moved
② have moved
③ had moved
④ will have moved
⑤ have been moving

06

다음 중 빈칸에 알맞은 것을 고르시오.

She went out for a walk with her dogs ____________ her.

① follows
② followed
③ following
④ to follow
⑤ having followed

07

다음 중 밑줄 친 부분이 어법상 옳은 것끼리 바르게 짝지어진 것을 고르시오.

a. Making sure you hang a wet towel on your chair to humidify your room.
b. The bicycle that I had wanted to buy was sold out when I got to the shop.
c. Having a sense of humor meaning you can get through any situation easily.
d. Dodo birds once wandered Mauritius, a tropical island situated in the Indian Ocean.

① a, b
② a, c
③ a, d
④ b, c
⑤ b, d

08

다음 중 밑줄 친 부분의 쓰임이 나머지와 다른 것을 고르시오.

① It is amazing that she survived the accident.
② This is the hat that I knit last year.
③ He was wearing a shirt that was brightly colored.
④ Jenny didn't like the movie that we saw last week.
⑤ There was no one that could help me.

09

다음 우리말과 일치하도록 빈칸에 알맞은 것을 고르시오.

> 야구가 가장 인기 있는 스포츠 중 하나라고들 말한다.
>
> → Baseball __________ one of the most popular sports.

① is said that
② is said being
③ is said to be
④ says to be
⑤ says being

10

다음 중 밑줄 친 부분이 어법상 틀린 것을 고르시오.

① Try to forget whatever is bothering you.
② However hard I tried, I couldn't get it to work.
③ I can rely on her whenever I need something.
④ Store coffee in a freezer, where has a drier environment.
⑤ The bridge, which is 137 meters long, was built in 1889.

11

다음 중 빈칸에 알맞은 것을 고르시오.

> Peter __________ be a genius. He has an IQ of 165.

① should
② had better
③ can't
④ must
⑤ used to

12

다음 중 밑줄 친 부분이 어법상 틀린 것을 고르시오.

① Our family immigrated to the States five years ago.
② We lived in New York since then.
③ My daughter is having a hard time finding a job in New York.
④ We have decided to move to Washington DC next month.
⑤ I hope she will get a job there.

13

다음 우리말과 일치하도록 빈칸에 알맞은 것을 고르시오.

> 그는 중국에서 살았기 때문에 중국어를 할 줄 안다.
>
> → ______________ in China, he can speak Chinese.

① Live ② Living
③ To live ④ Being lived
⑤ Having lived

14

다음 중 밑줄 친 부분의 해석으로 옳지 않은 것을 고르시오.

① I remember bringing an umbrella, but now I can't find it.
= 우산을 가져온 것을 기억한다

② Don't forget to meet me at the airport next Friday.
= 나를 만날 것을 잊지 마

③ The runner tried to catch up with the other competitors.
= 다른 경쟁자들을 따라잡는 것을 시도했다

④ I regretted telling him my biggest secret.
= 그에게 말한 것을 후회했다

⑤ We stopped to take pictures because the scenery was beautiful.
= 사진 찍기 위해 멈췄다

15

다음 중 밑줄 친 부분이 어법상 틀린 것을 고르시오.

① The phone in that ad are the one I want to buy.
② Where the strange bug came from was a mystery.
③ Students who have completed their exams are leaving the classroom now.
④ The number of people who do not wear their seat belts has decreased.
⑤ A van painted in the colors of the rainbow is driving slowly.

16

다음 우리말과 일치하도록 주어진 단어를 활용하여 문장을 완성하시오. (3단어로 쓸 것)

> 그는 내게 바퀴를 갈아 끼우는 방법을 알려주었다.
> (how, change)

정답 He taught me ______________________ a wheel.

17

다음 우리말과 일치하도록 주어진 단어를 활용하여 문장을 완성하시오. (2단어로 쓸 것)

너는 항상 네가 하고 싶은 대로만 할 수는 없다. (can)

정답 You ______________________ do as you like.

18

다음 우리말과 일치하도록 주어진 단어를 바르게 배열하시오.

나는 그 일자리 제안을 받아들여야 하는지를 결정할 수 없다. (I, accept, whether, should, the job offer)

정답 I can't decide ______________________

______________________.

19

다음 주어진 문장을 간접화법으로 바꿔 쓰시오. (10단어로 쓸 것)

The actress said, "I will participate in a volunteer program for the blind."

정답 The actress said that ______________________

______________________.

20

다음 우리말과 일치하도록 so 또는 neither를 활용하여 문장을 완성하시오.

나는 노트북 컴퓨터를 사고 싶은데 내 친구도 그렇다. → I want to buy a laptop, and ______________________ ______________________.

정답 ______________________

NELT

문항별 출제 포인트 Point

문법 실전 모의고사 6회		O/X/△
1	비교급을 이용한 최상급 표현을 알맞은 형태로 쓸 수 있는가?	O/X/△
2	사역동사의 목적격보어를 알맞은 형태로 쓸 수 있는가?	O/X/△
3	가정법 과거완료를 알맞은 형태로 쓸 수 있는가?	O/X/△
4	병렬 구조를 이해하고 알맞은 형태로 쓸 수 있는가?	O/X/△
5	미래완료를 알맞게 쓸 수 있는가?	O/X/△
6	「with+목적어+분사」 구문을 파악하고 있는가?	O/X/△
7	동사와 준동사의 쓰임을 구분할 수 있는가?	O/X/△
8	종속접속사 that과 관계대명사 that을 구분할 수 있는가?	O/X/△
9	목적어가 that절인 문장의 수동태를 알맞게 쓸 수 있는가?	O/X/△
10	복합관계대명사와 복합관계부사의 종류 및 관계대명사의 계속적 용법을 파악하고 있는가?	O/X/△
11	다양한 조동사의 의미를 파악하고 있는가?	O/X/△
12	문장의 시제를 파악하고 알맞게 쓸 수 있는가?	O/X/△
13	분사구문을 알맞은 형태로 쓸 수 있는가?	O/X/△
14	목적어의 형태에 따라 의미가 달라지는 동사를 알맞게 쓸 수 있는가?	O/X/△
15	다양한 구문에서의 주어와 동사의 수 일치를 이해하고 있는가?	O/X/△
16	「의문사+to부정사」의 쓰임을 파악하고 있는가?	O/X/△
17	부분 부정 표현을 알맞게 쓸 수 있는가?	O/X/△
18	의문사가 없는 간접의문문을 어순에 맞게 쓸 수 있는가?	O/X/△
19	간접화법을 알맞게 쓸 수 있는가?	O/X/△
20	so가 포함된 도치 구문을 알맞은 형태로 쓸 수 있는가?	O/X/△

NELT

Neungyule English Level Test

문법 복습 모의고사

NELT 문법 복습 모의고사 1회

시험일 월 일	소요시간 분	채점 /20개

01

다음 중 빈칸에 알맞은 것을 고르시오.

Winners will __________ online on November 8th.

① announcing ② to announce
③ announce ④ be announced
⑤ announcement

02

다음 두 문장이 같은 의미가 되도록 빈칸에 들어갈 말을 고르시오.

This book is not only interesting but also informative.
= This book is informative __________ interesting.

① when ② as long as
③ if not ④ so that
⑤ as well as

03

다음 우리말과 일치하도록 빈칸에 알맞은 것을 고르시오.

내가 프랑스에서 태어났다면 좋을 텐데.
→ I wish I __________ in France.

① was born ② were born
③ am born ④ would be born
⑤ had been born

04

다음 중 어법상 옳은 것의 개수를 구하시오.

a. I heard my brother played computer games late at night.
b. Keep the turkey frozen until tomorrow.
c. Many people saw them fighting in the street.
d. On my way to work, I had my wallet stolen by a pickpocket.

① 0개 ② 1개 ③ 2개 ④ 3개 ⑤ 4개

05

다음 중 빈칸에 알맞은 것을 고르시오.

Kate ________ the painting to look at it closely.

① approached ② approaching
③ to approach ④ approach
⑤ be approached

06

다음 중 밑줄 친 부분이 어법상 틀린 것을 고르시오.

① That's the reason why he was so upset.
② She was the first Asian that climbed the mountain.
③ Swimming is a skill which anyone can learn.
④ Look at the man who is sitting on the floor!
⑤ The way how he looked at me made me feel happy.

07

다음 문장의 밑줄 친 부분을 바르게 고친 것을 고르시오.

His family has gone to Japan five years ago.

① goes ② went
③ is going ④ has been going
⑤ will have gone

08

다음 중 밑줄 친 부분의 쓰임이 나머지와 다른 것을 고르시오.

① Eating fast food can lead to many serious health issues.
② My sister complained of feeling sick after we ate pizza for lunch.
③ You should give up drinking coffee while you take this medicine.
④ Could you postpone telling them about our plans?
⑤ Most of the people sitting at the back of the bus were heading to school.

09

다음 빈칸에 들어갈 말이 바르게 짝지어진 것을 고르시오.

- Respecting the rules __________ more important than winning games.
- The applicants that we've had for the job __________ well qualified.

① are – is
② are – are
③ is – is
④ is – are
⑤ are – were

10

다음 중 밑줄 친 부분이 어법상 틀린 것을 고르시오.

① Ross will be fired soon.
② They were made work in the head office.
③ He was seen playing basketball yesterday.
④ All my appointments are taken care of by my secretary.
⑤ The sick people were looked after by him for a week.

11

다음 우리말과 일치하도록 빈칸에 알맞은 것을 고르시오.

Robert는 개를 좋아하지 않고 나도 그렇지 않다.
→ Robert doesn't like dogs, and __________.

① so am I
② so do I
③ neither will I
④ neither am I
⑤ neither do I

12

다음 두 문장이 같은 의미가 되도록 빈칸에 들어갈 말을 고르시오.

Because my parents are away for the week, I'm alone in the house.
= __________ away for the week, I'm alone in the house.

① Being
② To be
③ My parents being
④ My parents were
⑤ My parents having been

13

다음 빈칸에 공통으로 들어갈 말을 고르시오.

- The girl's eyes were filled ________ tears.
- We're very pleased ________ our new products.

① with ② of
③ by ④ about
⑤ from

14

다음 중 밑줄 친 that의 쓰임이 나머지와 다른 것을 고르시오.

① The news that the president would visit France was announced.
② I found a website that sells picnic tables.
③ The fact that he lied to me made me upset.
④ Mike gave his opinion that watching TV a lot is bad for teens.
⑤ I heard the news that Kevin and Susan are getting married.

15

다음 중 빈칸에 알맞은 것을 고르시오.

She was so __________ that she accidentally closed the box.

① surprising ② surprised
③ surprise ④ to surprise
⑤ surprises

16

다음 우리말과 일치하도록 주어진 단어를 활용하여 문장을 완성하시오. (5단어로 쓸 것)

동호회 회원들 모두가 막 출발했다. 너는 더 일찍 도착했어야 했다. (arrive, earlier)

정답 All of the club members have just departed.

____

17

다음 밑줄 친 부분을 강조하도록 문장을 다시 쓰시오.

Mr. Jones <u>rarely</u> remembers his students' names.

정답 ________________________________ his students' names.

18

다음 우리말과 일치하도록 주어진 단어를 바르게 배열하시오.

당신이 언제 태어나셨는지 제게 말씀해 주시겠어요?
(you, born, when, were)

정답 Would you tell me ____________________ ____________________?

19

다음 우리말과 일치하도록 주어진 단어를 활용하여 문장을 완성하시오. (3단어로 쓸 것)

그는 내게 바퀴를 갈아 끼우는 방법을 알려주었다.
(how, change)

정답 He taught me ____________________ a wheel.

20

다음 문장을 간접화법으로 바꿔 쓸 때, 빈칸에 알맞은 말을 쓰시오.

Nancy said, "I don't know what to do."
→ Nancy said that ____________________.

정답 ________________________________

NELT 문법 복습 모의고사 2회

시험일	월	일	소요시간	분	채점	/20개

01

다음 우리말과 일치하도록 빈칸에 알맞은 것을 고르시오.

> 그런 말을 하다니 그녀는 무례하다.
>
> → It's rude ____________ to say things like that.

① to her ② for her
③ of her ④ of hers
⑤ with hers

02

다음 빈칸에 공통으로 들어갈 말을 고르시오.

> • I don't know __________ he was married.
> • Call me anytime __________ you want to join our club.

① if ② what
③ that ④ whether
⑤ though

03

다음 중 어법상 옳은 것을 고르시오.

① I couldn't help cry watching the movie.
② She spent most of her time studying.
③ I feel like to go to a concert.
④ We decided not taking on the project.
⑤ I planned doing something for my parents.

04

다음 중 밑줄 친 부분이 어법상 <u>틀린</u> 것을 고르시오.

① He is <u>not always</u> polite.
② <u>Not all</u> students are able to afford a university education.
③ <u>Though rich</u>, she is unhappy.
④ <u>While doing</u> the laundry, don't forget to add some soap.
⑤ Your guess <u>which</u> Betty is from Canada is wrong.

05

다음 우리말과 일치하도록 빈칸에 알맞은 것을 고르시오.

> 그는 나이가 들면 들수록 더 외로워졌다.
>
> → ____________ he got, the lonelier he became.

① Old ② Older

③ Oldest ④ The older

⑤ The oldest

06

다음 각 네모 안에서 어법상 알맞은 것끼리 바르게 짝지어진 것을 고르시오.

> • Most of his landscapes [was / were] done in shades of black.
> • The blanket with flower patterns [looks / look] nice.
> • Half of your body's weight [is / are] protein, excluding water.

① was – looks – is

② was – look – are

③ were – looks – is

④ were – looks – are

⑤ were – look – is

07

다음 빈칸에 들어갈 말이 바르게 짝지어진 것을 고르시오.

> • They delayed __________ the winner of the contest.
> • The book helps you __________ mistakes when writing an English essay.

① to announce – avoid

② announcing – avoid

③ announcing – avoiding

④ to announce – avoid

⑤ announce – to avoid

08

다음 중 밑줄 친 부분이 어법상 옳은 것을 고르시오.

① My mother often makes a dish with the radio <u>turning</u> on.

② I saw a strange man <u>walked</u> around the park.

③ Several times he heard his name <u>calling</u>, but he ignored it.

④ It was <u>embarrassed</u> to make so many mistakes during my speech.

⑤ I was <u>surprised</u> when my son swallowed a five-cent coin.

09

다음 빈칸에 들어갈 말이 바르게 짝지어진 것을 고르시오.

- Amy decided to stop eating fast food and ______ soda for her health.
- Mr. Choi works hard not to make money but ______ an expert in the field.

① drink – to become
② drinking – to become
③ drink – becoming
④ drinking – becoming
⑤ drink – becomes

10

다음 중 밑줄 친 부분의 해석으로 옳지 않은 것을 고르시오.

① I remember bringing an umbrella, but now I can't find it.
= 우산을 가져온 것을 기억한다

② Don't forget to meet me at the airport next Friday.
= 나를 만날 것을 잊지 마

③ The runner tried to catch up with the other competitors.
= 다른 경쟁자들을 따라잡는 것을 시도했다

④ I regretted telling him my biggest secret.
= 그에게 말한 것을 후회했다

⑤ We stopped to take pictures because the scenery was beautiful.
= 사진 찍기 위해 멈췄다

11

다음 중 어법상 옳은 것끼리 바르게 짝지어진 것을 고르시오.

a. I wish you are here with me now.
b. He talked as if he known her.
c. If the racers didn't wear gloves, their hands would get terribly hurt.
d. She screamed as if she had lost her mind.

① a, b ② a, c
③ a, d ④ b, c
⑤ c, d

12

다음 중 밑줄 친 부분이 어법상 틀린 것을 고르시오.

① Our family immigrated to the States five years ago.
② We lived in New York since then.
③ My daughter is having a hard time finding a job in New York.
④ We have decided to move to Washington DC next month.
⑤ I hope she will get a job there.

13

다음 중 밑줄 친 부분을 생략할 수 있는 것을 고르시오.

① Do you know the woman over there who is wearing the blue hat?
② Do not drive cars whose tires are worn.
③ The teacher to whom I talked answered all my questions.
④ I met a businessman who runs a big travel agency in Dubai.
⑤ Her friendly manner is what makes her special.

14

다음 대화의 빈칸에 알맞은 말을 고르시오.

A: You didn't finish the report, did you? B: ______________, but I forgot to submit it.

① I did finish it
② I finish it
③ I do finished it
④ Did I finish it
⑤ Do I finish it

15

다음 중 밑줄 친 that의 쓰임이 나머지와 다른 것을 고르시오.

① Do you believe that he can read people's minds?
② It is better that you make mistakes earlier in life than later.
③ The problem is that I don't know how to upload files.
④ The news that our team had lost the game disappointed us.
⑤ The kind man that helped the lost child received an award.

16

다음 중 잘못된 부분을 찾아 바르게 고쳐 쓰시오.

Shakespeare, that wrote many masterpieces, is one of my favorite writers.

정답 ______________________ → ______________________

17

다음 우리말과 일치하도록 빈칸에 알맞은 말을 쓰시오.

나는 그 두 회사 중 어느 쪽도 믿을 만하지 않다고 생각한다.
→ I think ____________ of the two companies is reliable.

정답 ____________________

19

다음 밑줄 친 부분을 강조하여 문장을 다시 쓸 때, 빈칸에 알맞은 말을 쓰시오.

We're supposed to leave at nine o'clock.

정답 It is ____
____.

18

다음 주어진 문장을 수동태로 바꿔 쓸 때, 밑줄 친 부분을 바르게 고쳐 쓰시오.

We laughed at his stupid plan.
→ His stupid plan was laughed by us.

정답 ____________________

20

다음 우리말과 일치하도록 주어진 단어를 바르게 배열하시오.

어젯밤에 눈이 왔었다면, 우리는 지금 눈싸움을 할 수 있을 텐데.
(a snowball fight, could, we, have)

정답 If it had snowed last night, ____________________
____ now.

지은이

NELT 평가연구소

NELT 평가연구소는 초중고생의 정확한 영어 실력 평가를 위해
우리나라 교육과정 기반의 평가 시스템 설계, 테스트 문항 개발,
성적 분석 등을 담당하는 NE능률의 평가 연구 조직입니다.

NELT 문법 실전 모의고사 〈LEVEL 7〉

펴 낸 이 주민홍
펴 낸 곳 서울특별시 마포구 월드컵북로 396(상암동) 누리꿈스퀘어 비즈니스타워 10층
㈜NE능률 (우편번호 03925)
펴 낸 날 2024년 3월 5일 초판 제1쇄 발행
전 화 02 2014 7114
팩 스 02 3142 0356
홈페이지 www.neungyule.com
등록번호 제1-68호
I S B N 979-11-235-4333-2
정 가 13,000원

NE 능률

고객센터

교재 내용 문의 : contact.nebooks.co.kr (별도의 가입 절차 없이 작성 가능)
제품 구매, 교환, 불량, 반품 문의 : 02-2014-7114
☎ 전화문의는 본사 업무시간 중에만 가능합니다.

NE능률 교재 MAP

문법 구문

아래 교재 MAP을 참고하여 본인의 현재 혹은 목표 수준에 따라 교재를 선택하세요.
NE능률 교재들과 함께 영어실력을 쑥쑥~ 올려보세요!
MP3 등 교재 부가 학습 서비스 및 자세한 교재 정보는 www.nebooks.co.kr 에서 확인하세요.

초1-2

초3
그래머버디 1
초등영어 문법이 된다 Starter 1

초3-4
그래머버디 2
초등영어 문법이 된다 Starter 2
초등 Grammar Inside 1
초등 Grammar Inside 2

초4-5
그래머버디 3
Grammar Bean 1
Grammar Bean 2
초등영어 문법이 된다 1
초등 Grammar Inside 3
초등 Grammar Inside 4
NELT 문법 실전 모의고사 2

초5-6
Grammar Bean 3
Grammar Bean 4
초등영어 문법이 된다 2
초등 Grammar Inside 5
초등 Grammar Inside 6
NELT 문법 실전 모의고사 3

초6-예비중
능률중학영어 예비중
Grammar Inside Starter
원리를 더한 영문법 STARTER

중1
능률중학영어 중1
Grammar Zone 입문편
Grammar Zone 워크북 입문편
1316 Grammar 1
문제로 마스터하는 중학영문법 1
Grammar Inside 1
열중 16강 문법 1
쓰기로 마스터하는 중학서술형 1학년
중학 천문장 1

중1-2
능률중학영어 중2
1316 Grammar 2
문제로 마스터하는 중학영문법 2
Grammar Inside 2
열중 16강 문법 2
원리를 더한 영문법 1
중학영문법 총정리 모의고사 1
중학 천문장 2
NELT 문법 실전 모의고사 4

중2-3
Grammar Zone 기초편
Grammar Zone 워크북 기초편
1316 Grammar 3
원리를 더한 영문법 2
중학영문법 총정리 모의고사 2
쓰기로 마스터하는 중학서술형 2학년
중학 천문장 3
NELT 문법 실전 모의고사 5

중3
능률중학영어 중3
문제로 마스터하는 중학영문법 3
Grammar Inside 3
열중 16강 문법 3
중학영문법 총정리 모의고사 3
쓰기로 마스터하는 중학서술형 3학년
NELT 문법 실전 모의고사 6

예비고-고1
문제로 마스터하는 고등영문법
올클 수능 어법 start
천문장 입문

고1
Grammar Zone 기본편 1
Grammar Zone 워크북 기본편 1
Grammar Zone 기본편 2
Grammar Zone 워크북 기본편 2
필히 통하는 고등 영문법 기본편
필히 통하는 고등 서술형 기본편
천문장 기본
NELT 문법 실전 모의고사 7

고1-2
필히 통하는 고등 영문법 실력편
필히 통하는 고등 서술형 실전편
TEPS BY STEP G+R Basic

고2-3
Grammar Zone 종합편
Grammar Zone 워크북 종합편
올클 수능 어법 완성
천문장 완성

고3

수능 이상/ 토플 80-89 · 텝스 600-699점
TEPS BY STEP G+R 1

수능 이상/ 토플 90-99 · 텝스 700-799점
TEPS BY STEP G+R 2

수능 이상/ 토플 100 · 텝스 800점 이상
TEPS BY STEP G+R 3

한국교육과정 기준
iBT 영어 레벨테스트

NE 능률

NELT

Neungyule English Level Test

문법 실전 모의고사

LEVEL 7

STUDY BOOK

NELT

Neungyule English Level Test

—

문법 실전 모의고사

LEVEL 7

STUDY BOOK

01 과거완료

다음 빈칸에 들어갈 말이 바르게 짝지어진 것을 고르시오.

The plane ___________ already ___________ off when I arrived at the airport.

① is – taking
② has – taken
③ had – taken
④ has – been taking
⑤ will have – taken

과거완료

과거완료는 「had v-ed」의 형태로, 과거의 특정 시점 이전에 일어났거나 과거 어느 시점까지 영향을 미친 일을 나타낼 때 쓴다.
They arrived at the station, but the train **had** already **left**.
I **had** never **seen** a koala until I saw one in Australia last year.

핵심 과거의 특정 시점 이전에 일어난 일을 나타낼 때는 과거완료를 쓴다.

02 수동태로 쓰지 않는 동사

다음 중 빈칸에 알맞은 것을 고르시오.

The animals ______________ when we became quiet.

① appear
② appeared
③ were appeared
④ have appeared
⑤ had been appeared

수동태로 쓰지 않는 동사

자동사 뒤에는 목적어가 없으므로 수동태로 쓸 수 없다.
happen/occur/take place(발생하다), appear(나타나다), disappear(사라지다), exist(존재하다), consist of(~로 구성되다) 등

소유나 상태를 나타내는 일부 타동사는 수동태로 쓸 수 없다.
have(~을 가지고 있다), fit(~에 맞다), suit(~에 어울리다), resemble(~을 닮다), lack(~이 부족하다) 등

핵심 appear(나타나다)는 자동사이므로 수동태로 쓸 수 없다.

03 사역동사의 목적격보어

다음 우리말과 일치하도록 빈칸에 알맞은 것을 고르시오.

Cindy는 아들에게 집을 청소하게 했다. → Cindy made her son ___________ the house.

① clean ② cleaning
③ to clean ④ cleaned
⑤ to have cleaned

사역동사의 목적격보어

make, let, have 등의 사역동사는 목적어와 목적격보어가 능동 관계일 때 목적격보어로 원형부정사를 쓴다.
He looked exhausted, so I **made** him **go** to bed immediately.
My boss **let** me **work** from home yesterday.

핵심 사역동사 make는 목적어와 목적격보어가 능동 관계일 때 목적격보어로 원형부정사를 쓴다.

04 동명사와 to부정사를 목적어로 취하는 동사

다음 중 밑줄 친 부분이 어법상 틀린 것을 고르시오.

① I prefer to stay outside during the summer.
② I shouldn't put off cleaning my refrigerator.
③ Haley wants to take a trip to South America someday.
④ Do you mind waiting outside while I speak to Erin?
⑤ I am seriously considering to accept your job offer.

동명사와 to부정사를 목적어로 취하는 동사

동명사를 목적어로 취하는 동사: enjoy, admit, finish, keep, mind, consider, avoid, quit, give up, delay, put off, deny, postpone 등
She successfully **finished giving** a speech to the audience.

to부정사를 목적어로 취하는 동사: want, hope, choose, learn, decide, agree, expect, plan, promise, refuse, pretend 등
Paul **wanted to buy** some souvenirs at a local marketplace.

동명사와 to부정사 둘 다 목적어로 취하는 동사: love, like, hate, begin, start, continue, prefer 등
You love **playing[to play]** soccer, don't you?

핵심 consider는 동명사만 목적어로 취하는 동사이다.

05 병렬

다음 중 빈칸에 알맞은 것을 고르시오.

He will either reheat the leftovers or ___________ a pizza for dinner.

① order ② orders
③ ordering ④ ordered
⑤ to order

병렬

등위접속사(and, but, or 등)나 상관접속사(both A and B, either A or B, neither A nor B, not only A but (also) B 등)에 의해 연결된 어구들은 동일한 문법 형태와 구조로 쓴다.

James is **handsome**, **smart**, *and* very **popular**.

Kate used to go *either* **skiing** *or* **snowboarding** in winter.

핵심 상관접속사 「either A or B」 구문에서 A와 B는 동일한 문법 형태로 써야 한다.

06 동명사와 현재분사 구분

다음 중 밑줄 친 부분의 쓰임이 나머지와 다른 것을 고르시오.

① Improving living conditions is vital to our society.
② He came up with the idea of posting notes everywhere.
③ Poisonous frogs use their toxins to avoid becoming a meal.
④ He finally succeeded in finding a reasonable solution.
⑤ There were many tigers living on the Korean peninsula in the past.

동명사와 현재분사 구분

동명사와 현재분사는 둘 다 「동사원형+-ing」로 형태가 같지만 그 역할이 다르다.

동명사는 문장에서 명사처럼 쓰여 주어, 목적어, 보어 역할을 한다.

Winning is not everything. 〈주어〉

Would you *mind* **opening** the door? 〈동사의 목적어〉

How *about* **going** on a trip to Italy? 〈전치사의 목적어〉

My brother's hobby is **playing** the guitar. 〈보어〉

현재분사는 문장에서 형용사처럼 쓰여 명사를 수식하거나, be동사와 함께 쓰여 진행형으로 사용된다.

Mr. Kim woke up the **sleeping** *boy*. 〈명사 수식〉

Ivy *is* **playing** the violin. 〈진행형〉

핵심 동명사는 명사처럼 주어, 목적어, 보어 역할을 하며, 현재분사는 형용사처럼 명사를 수식하거나 진행형으로 쓰인다.

07 상관접속사

다음 두 문장이 같은 의미가 되도록 빈칸에 들어갈 말을 고르시오.

> This book is not only interesting but also informative.
> = This book is informative ____________ interesting.

① when　② as long as
③ if not　④ so that
⑤ as well as

상관접속사

상관접속사는 두 개 이상의 단어가 짝을 이루어 하나의 접속사 역할을 한다. 「both A and B」는 복수 취급하고, 나머지는 모두 B에 동사의 수를 일치시킨다.

- both A and B: A와 B 둘 다
- not only A but also B(= B as well as A): A뿐만 아니라 B도
- either A or B: A 또는 B
- neither A nor B: A도 B도 아닌

Both my boyfriend **and** I *like* ice cream.
Not only I **but also** Mr. Harris *works* for the radio station.
= Mr. Harris, **as well as** I, *works* for the radio station.
Either your parents **or** your teacher *is* going to help you.
Neither she **nor** I *have* any money.

핵심 「not only A but also B」는 「B as well as A」로 바꿔 쓸 수 있다.

08 감정을 나타내는 분사

다음 중 빈칸에 알맞은 것을 고르시오.

> She was so ____________ that she accidentally closed the box.

① surprising　② surprised
③ surprise　④ to surprise
⑤ surprises

감정을 나타내는 분사

'~한 감정을 느끼게 하는'이라는 능동의 뜻이면 현재분사로, '~한 감정을 느끼게 되는'이라는 수동의 뜻이면 과거분사로 쓴다.

exciting (흥분시키는) – excited (흥분한)
tiring (피곤하게 하는) – tired (피곤한)
amazing (놀라운) – amazed (놀란)
boring (지루하게 하는) – bored (지루한)
confusing (혼란스럽게 하는) – confused (혼란스러운)
disappointing (실망스러운) – disappointed (실망한)
interesting (흥미로운) – interested (흥미가 있는)
depressing (우울하게 하는) – depressed (우울한)
surprising (놀라운) – surprised (놀란)

핵심 '~한 감정을 느끼게 되는'의 수동의 뜻일 때 과거분사를 쓴다.

09 「I wish+가정법」

다음 우리말과 일치하도록 빈칸에 알맞은 것을 고르시오.

내가 프랑스에서 태어났다면 좋을 텐데. → I wish I ______________ in France.

① was born ② were born
③ am born ④ would be born
⑤ had been born

「I wish+가정법」

「I wish+가정법 과거」

「I wish+주어+동사의 과거형」의 형태로, 현재 사실과 반대되는 일이나 실현 가능성이 희박한 일을 소망하거나 현재의 일에 대한 유감을 나타낼 때 쓴다. '(현재에) ~하면[라면] 좋을 텐데'라는 의미이다.

I wish I had better news.
(← I'm sorry that I don't have better news.)
I wish I could win the prize.
(← I'm sorry that I can't win the prize.)

「I wish+가정법 과거완료」

「I wish+주어+had v-ed」의 형태로, 과거 사실과 반대되는 일을 소망하거나 과거의 일에 대한 유감을 나타낼 때 쓴다. '(과거에) ~했다면[였다면] 좋을 텐데'라는 의미이다.

I wish I had bought this house.
(← I'm sorry that I didn't buy this house.)

핵심 과거의 일에 대한 유감이나 아쉬움을 나타내므로, 「I wish+가정법 과거완료」로 쓴다.

10 주어와 동사의 수 일치

다음 빈칸에 들어갈 말이 바르게 짝지어진 것을 고르시오.

• Every student ___________ wearing a hat. • Mathematics ___________ the most difficult subject for me.

① were – are ② was – is
③ were – is ④ was – are
⑤ has – is

주어와 동사의 수 일치

일반적으로 every, each, -thing, -one, -body 등은 단수 취급한다.
Each of the workers **has** been busy all day.
There **is** *something* I don't fully understand.

학과, 학문명, 병명, 국가명 등은 -s로 끝나도 단수 취급한다.
Statistics **is** a branch of mathematics.
Measles **is** a contagious disease.
The Philippines **has** two official languages.

핵심 every와 학과·학문명은 단수 취급하므로 단수동사가 와야 한다.

11 관계대명사의 종류와 쓰임

다음 중 어법상 옳은 것을 고르시오.

① English is the only subject whom I like.
② I have a sister whose likes swimming.
③ I know a girl that brother is a famous actor.
④ You can use which is around you to make tools.
⑤ I lent him the book which I bought yesterday.

관계대명사의 종류와 쓰임

선행사의 종류와 관계대명사가 관계대명사절 내에서 하는 역할에 따라 관계대명사의 격이 결정된다.

선행사	주격	목적격	소유격
사람	who, that	who(m), that	whose
사물, 동물	which, that	which, that	whose
사람, 사물, 동물	that	that	whose

관계대명사 what

선행사를 포함하는 관계대명사 what은 '~하는 것(들)'의 의미로, the thing(s) that[which]으로 바꿔 쓸 수 있다.

What I really hate is being left alone for a while.
= **The thing that[which]** I really hate is being left alone for a while.

핵심 선행사가 관계대명사절 안에서 목적어 역할을 할 때는 목적격 관계대명사를 써야 한다.

12 do 강조 구문

다음 우리말과 일치하도록 빈칸에 알맞은 것을 고르시오.

나는 정말 극장 앞에서 너를 기다렸다. → I ____________ wait for you in front of the theater.

① am ② is
③ do ④ does
⑤ did

do 강조 구문

동사 앞에 조동사 do를 붙여 「do[does/did]+동사원형」의 형태로 쓰면 동사를 강조하여 '정말 ~하다'라는 의미를 나타낼 수 있다.

He **does look** good in a suit.
I **did read** the book, but I didn't like it.

핵심 조동사 do로 동사를 강조할 수 있으며, 주어의 인칭이나 문장의 시제에 따라 does나 did로 맞춰 쓴다.

13 주어와 동사의 수 일치 / 도치 구문의 형태 (부정어 도치)

다음 중 밑줄 친 부분이 어법상 <u>틀린</u> 것을 고르시오.

① Each person <u>is</u> surrounded by a few cats.
② Never <u>did</u> he mention why he left his hometown.
③ The movie is about a dog that truly <u>love</u> its owner.
④ The paintings hanging on the classroom wall <u>are</u> Sara's.
⑤ An article about the Olympics <u>was</u> published in the school newspaper.

주어와 동사의 수 일치

일반적으로 every, each, -thing, -one, -body는 단수 취급한다.
Each of the workers **has** been busy all day.

관계대명사절

주격 관계대명사절에서 관계대명사 뒤의 동사는 선행사가 단수면 단수동사를, 복수면 복수동사를 쓴다.
I have *a brother* who **likes** swimming.

주어가 긴 경우

동명사(구), 명사절 등이 주어로 쓰인 경우에는 단수 취급하며, 주어가 분사구, to부정사구, 관계사절, 전치사구, 형용사구 등에 의해 수식을 받는 경우 수식 받는 명사에 동사의 수를 일치시킨다.
Reading comic books **is** my hobby. 〈동명사구 주어〉
My cousins <u>living in China</u> **were** unaffected by the earthquake. 〈분사구 수식〉
The applicants <u>that we've had for the job</u> **are** well qualified. 〈관계사절 수식〉
The pine trees <u>on the hill</u> **are** large. 〈전치사구 수식〉

도치 구문의 형태 (부정어 도치)

보통 부정어(구)가 강조를 위해 문장의 앞으로 나오면 일반동사가 있는 문장은 「do[does/did]+주어+동사원형」으로, be동사와 조동사가 있는 문장은 주어와 순서가 서로 바뀐다.
Hardly **did I dream** that I would become a supermodel.

핵심 주격 관계대명사절의 동사는 선행사와 수를 일치시켜야 한다.

14 능동태와 수동태 구분

다음 중 빈칸에 알맞은 것을 고르시오.

Winners will ________ online on November 8th.

① announcing ② to announce
③ announce ④ be announced
⑤ announcement

능동태와 수동태 구분

행위를 하는 주체에 초점을 둘 때는 능동태를 쓰고, 행위를 받는 대상에 초점을 둘 때는 수동태를 쓴다. 수동태의 기본 형태는 「be v-ed」이며, 행위자를 밝힐 필요가 있을 때는 「by+목적격」으로 나타낸다.
People **watch** CNN all over the world. 〈능동태〉
→ CNN **is watched** *by people* all over the world. 〈수동태〉

핵심 행위를 받는 대상에 초점을 둘 때는 「be v-ed」 형태의 수동태를 쓴다.

15 현재분사와 과거분사를 목적격보어로 취하는 경우

다음 중 어법상 옳은 것의 개수를 구하시오.

a. I heard my brother played computer games late at night. b. Keep the turkey frozen until tomorrow. c. Many people saw them fighting in the street. d. On my way to work, I had my wallet stolen by a pickpocket.

① 0개 ② 1개 ③ 2개 ④ 3개 ⑤ 4개

현재분사와 과거분사를 목적격보어로 취하는 경우

동사 keep, leave, find 등이 쓰였을 때

keep, leave, find 등의 목적어와 목적격보어가 의미상 능동 관계일 때는 현재분사, 수동 관계일 때는 과거분사를 쓴다.

They **kept** *him* **waiting** for two hours an interview.

My mom usually **leaves** *the door* **unlocked** until I get home.

지각동사가 쓰였을 때

지각동사의 목적어와 목적격보어가 의미상 능동 관계이면서 목적어의 동작이 진행 중임을 강조할 때는 현재분사를, 수동 관계일 때는 과거분사를 쓴다.

Samuel **heard** *his wife* **calling** him from upstairs.

I **saw** *a car* **parked** on the side of the road.

사역동사 have가 쓰였을 때

사역동사로 쓰인 have의 목적어와 목적격보어가 의미상 수동 관계일 때 과거분사를 쓸 수 있다.

The host **had** *the food* **prepared** by a local restaurant.

핵심 지각동사의 목적어와 목적격보어가 능동 관계일 경우, 목적어의 동작이 진행 중임을 강조할 때는 목적격보어로 현재분사를 쓸 수 있다.

16 「should have v-ed」

다음 우리말과 일치하도록 주어진 단어를 활용하여 문장을 완성하시오. (5단어로 쓸 것)

동호회 회원들 모두가 막 출발했다. 너는 더 일찍 도착했어야 했다. (arrive, earlier)

정답 All of the club members have just departed.

____

「should have v-ed」

「should have v-ed」는 '~했어야 했다 (그러나 하지 않았다)'의 의미로 과거 사실에 대한 후회나 유감을 나타낼 때 쓴다. 부정형은 should 뒤에 not을 붙인 「should not have v-ed」의 형태이며 '~하지 말았어야 했다'의 의미이다.

We're having a picnic today. You **should have brought** a packed lunch with drinks.

I **shouldn't have stayed** up so late last night. I can't focus on the class.

핵심 과거에 하지 못한 일에 대한 후회나 유감은 「should have v-ed」로 나타낸다.

17 to부정사의 의미상의 주어

다음 중 잘못된 부분을 찾아 바르게 고쳐 쓰시오.

It is important of you to think twice before you make any decisions.

정답 ____________ → ____________

to부정사의 의미상의 주어

to부정사가 나타내는 행위나 상태의 주체는 주로 「for+목적격」으로 나타낸다. 단, to부정사 앞에 사람의 성격이나 성질에 대한 주관적 평가를 나타내는 형용사(kind, rude, polite, foolish, careless 등)가 올 경우에는 「of+목적격」을 쓴다.

The movie was hard **for me** to understand.

It was *kind* **of you** to help those homeless people.

핵심 important는 사람의 성격이나 성질에 대한 주관적 평가를 나타내는 형용사가 아니므로 의미상의 주어는 「for+목적격」으로 나타낸다.

18 도치 구문의 형태 (부정어 도치)

다음 밑줄 친 부분을 강조하도록 문장을 다시 쓰시오.

Mr. Jones rarely remembers his students' names.

정답 ________________________ his students' names.

도치 구문의 형태 (부정어 도치)

never, not, no, little, hardly, scarcely, rarely, only, seldom 등 부정어가 강조되어 문장 앞에 오는 경우에는 주어와 동사를 도치시켜 「부정어(구)+동사+주어」의 어순으로 쓴다.

일반동사가 쓰인 경우에는 주어의 수와 시제에 따라 「부정어(구)+do[does/did]+주어+동사원형」으로 쓰며, 조동사가 쓰인 경우에는 「부정어(구)+조동사+주어」로 쓴다.

Never **did he dream** that he would become an actor.

(← He never dreamed that he would become an actor.)

핵심 부정어 rarely를 강조하여 문장 앞에 쓰면 주어와 동사가 도치되며, 일반동사가 쓰인 경우이므로 「do[does/did]+주어+동사원형」으로 쓴다.

19 목적어의 형태에 따라 의미가 달라지는 동사

주어진 단어를 활용하여 문장을 완성하시오. (2단어로 쓸 것)

I love my cats so much. I'll never forget ____________ them. (feed)

정답 ____________________

목적어의 형태에 따라 의미가 달라지는 동사

remember+동명사 remember+to부정사	(과거에) ~했던 것을 기억하다 (앞으로) ~할 것을 기억하다
forget+동명사 forget+to부정사	(과거에) ~했던 것을 잊다 (앞으로) ~할 것을 잊다
try+동명사 try+to부정사	시험삼아 ~해 보다 ~하려고 애쓰다[노력하다]
regret+동명사 regret+to부정사	(과거에) ~했던 것을 후회하다 (현재·미래에) ~하게 되어 유감이다

핵심 미래의 일에 관한 내용이므로 「forget+to부정사」를 쓴다.

20 문장의 시제

다음 문장의 밑줄 친 부분을 바르게 고쳐 쓰시오.

I have gone to the new Mexican restaurant with my family two days ago.

정답 ____________________

문장의 시제

현재완료

과거에 시작된 일이 현재에도 계속 영향을 미칠 때 사용하는 현재완료는 명백히 과거를 나타내는 표현(yesterday, last, ago 등)과 함께 쓸 수 없다.

I **lost** my wallet yesterday. (현재에 지갑을 찾았는지는 알 수 없음)

I **have lost** my wallet. (현재까지 지갑을 잃어버린 상태임)

I have lost my wallet yesterday. (X)

과거시제

과거시제는 과거에 일어난 일, 역사적 사실을 나타낼 때 쓴다. yesterday, last, ago와 같이 과거의 특정 시점을 나타내는 말과 함께 쓰이는 경우가 많다.

James **moved** to Seoul two years ago.

Tony **was** in Tokyo last winter.

핵심 현재완료는 명백히 과거를 나타내는 표현과 함께 쓸 수 없다.

01 by 이외의 전치사를 쓰는 수동태

다음 빈칸에 공통으로 들어갈 말을 고르시오.

- The girl's eyes were filled ___________ tears.
- We're very pleased ___________ our new products.

① with ② of
③ by ④ about
⑤ from

by 이외의 전치사를 쓰는 수동태

- be known as: ~로 알려져 있다
- be known for: ~로 유명하다
- be crowded with: ~로 붐비다
- be interested in: ~에 관심이 있다
- be filled with: ~로 가득차다
- be covered with[in]: ~로 덮여 있다
- be worried about: ~에 대해 걱정하다
- be concerned about: ~에 대해 걱정하다
- be disappointed with[in/at]: ~에 실망하다
- be pleased with[about]: ~에 기뻐하다
- be satisfied with: ~에 만족하다
- be made of: ~로 만들어지다 〈물리적인 변화〉
- be made from: ~로 만들어지다 〈화학적인 변화〉

핵심 수동태의 행위자를 나타낼 때 주로 전치사 by를 쓰지만, by 이외의 전치사를 쓰는 경우도 있다.

02 조동사 used to

다음 우리말과 일치하도록 빈칸에 알맞은 것을 고르시오.

Cathy는 예전에 그 병원의 간호사였다.
→ Cathy ___________ be a nurse at the hospital.

① might ② would
③ used to ④ was able to
⑤ would rather

조동사 used to

used to는 '~하곤 했다, ~이었다'라는 뜻으로 과거에 반복되던 행동, 습관이나 지속된 상태를 나타내며, '현재는 그렇지 않다'라는 의미를 내포한다. 참고로 would는 '~하곤 했다'라는 의미로 과거의 습관을 나타낸다.

When I lived in Canada, I **used to** go snowboarding.
I **would** take a nap after school.

핵심 used to는 '~이었다'라는 뜻으로 과거의 지속된 상태를 나타낸다.

03 동명사의 관용 표현

다음 중 빈칸에 알맞은 것을 고르시오.

I couldn't help ___________ when I saw him.

① smile ② smiled
③ smiling ④ to smile
⑤ of smiling

동명사의 관용 표현

- go v-ing: ~하러 가다
- be busy v-ing: ~하느라 바쁘다
- feel like v-ing: ~하고 싶다
- upon[on] v-ing: ~하자마자
- be used to v-ing: ~하는 데 익숙하다
- have difficulty v-ing: ~하는 것에 어려움을 겪다
- spend+돈[시간]+v-ing: ~하는 데 돈[시간]을 쓰다
- look forward to v-ing: ~하기를 고대하다
- cannot help v-ing: ~하지 않을 수 없다

핵심 cannot help v-ing는 '~하지 않을 수 없다'라는 뜻이다.

04 조건을 나타내는 종속접속사

다음 두 문장이 같은 의미가 되도록 빈칸에 들어갈 말을 고르시오.

If you are not busy, I'd like to talk to you. = ___________ you are busy, I'd like to talk to you.

① Unless ② Though
③ Even if ④ Whether
⑤ Neither

조건을 나타내는 종속접속사

if는 '만약 ~한다면'의 의미를 나타낸다. unless는 '만약 ~하지 않으면'의 의미로 부정의 의미를 포함하고 있으며 「if ~ not」으로 바꿔 쓸 수 있다.

If you do this for me, I'll take you out to dinner.

Unless you hurry, you'll miss the train.

(= **If** you do **not** hurry, you'll miss the train.)

핵심 「if ~ not」은 unless(만약 ~하지 않으면)로 바꿔 쓸 수 있다.

05 동사와 준동사의 쓰임 구분

다음 중 빈칸에 알맞은 것을 고르시오.

Kate ___________ the painting to look at it closely.

① approached ② approaching
③ to approach ④ approach
⑤ be approached

동사와 준동사의 쓰임 구분

동사	준동사 (to부정사, 동명사, 분사)
문장에서 주어의 동작이나 상태를 서술하는 말	동사에서 파생되어 문장에서 명사, 형용사, 부사 등 다른 품사 역할을 하는 말
Suji **brought** some snacks to the party.	Suji decided **to bring** some snacks to the party.

핵심 하나의 절에는 하나의 동사가 쓰이는데 뒤에 to부정사가 있으므로 앞에는 동사가 와야 한다.

06 종속접속사 that과 관계대명사 that 구분

다음 중 밑줄 친 부분의 쓰임이 나머지와 다른 것을 고르시오.

① It is necessary that you treat the people around you fairly.
② The best thing was that we were all allowed to go home early.
③ I agree that self-discipline is an important factor in success.
④ They denied the rumor that the company is likely to go bankrupt.
⑤ I like blogs that have humorous posts.

종속접속사 that

명사절을 이끌어 문장 내에서 주어, 목적어, 보어의 역할을 하며, '~라는 것'으로 해석한다. 접속사 that이 이끄는 명사절이 주어 역할을 할 때, 이를 뒤로 보내고 주어 자리에 가주어 it을 쓸 수 있다.
명사의 의미를 보충하기 위해 접속사 that이 이끄는 명사절을 덧붙이는 경우가 있는데, 이를 동격이라고 한다. 동격절을 이끄는 that도 접속사이다.

I heard **that** the poll results are shocking. 〈목적어〉
It is sad **that** she lost her best friend. 〈진주어〉
We think highly of the fact **that** she is confident. 〈동격〉
(the fact = she is confident)

관계대명사 that

앞에 오는 명사를 수식하는 절을 이끌며, 접속사와 대명사의 역할을 동시에 한다. 관계대명사 that은 선행사가 사람이나 사물, 동물일 때 모두 쓸 수 있으며, 주격과 목적격 관계대명사로 쓸 수 있다.

I heard about the poll results **that** were shocking.
〈주격 관계대명사〉

핵심 문장에서의 역할에 따라 종속접속사 that과 관계대명사 that을 구분해야 한다.

07 상관접속사

다음 우리말을 영어로 바르게 옮긴 것을 고르시오.

너는 그녀에게 이메일을 보내거나 그녀를 방문해야 한다.

① You should send her an email and visit her.
② You should not send her an email but visit her.
③ You should both send her an email and visit her.
④ You should either send her an email or visit her.
⑤ You should not only send her an email but also visit her.

상관접속사

상관접속사는 두 개 이상의 단어가 짝을 이루어 하나의 접속사 역할을 한다.

- both A and B: A와 B 둘 다
- not only A but also B(= B as well as A): A뿐만 아니라 B도
- either A or B: A 또는 B
- neither A nor B: A도 B도 아닌

Both *my boyfriend* **and** *I* like ice cream.
Not only *I* **but also** *Mr. Harris* works for the radio station.
= *Mr. Harris*, **as well as** *I*, works for the radio station.
Either *your parents* **or** *your teacher* is going to help you.
Neither *she* **nor** *I* have any money.

핵심 'A 또는 B'는 상관접속사 「either A or B」로 나타낸다.

08 문장의 시제

다음 문장의 밑줄 친 부분을 바르게 고친 것을 고르시오.

His family <u>has gone</u> to Japan five years ago.

① goes ② went
③ is going ④ has been going
⑤ will have gone

문장의 시제

현재완료

과거에 시작된 일이 현재에도 계속 영향을 미칠 때 사용하는 현재완료는 명백히 과거를 나타내는 표현(yesterday, last, ago 등)과 함께 쓸 수 없다.

I **lost** my wallet yesterday. (현재에 지갑을 찾았는지는 알 수 없음)
I **have lost** my wallet. (현재까지 지갑을 잃어버린 상태임)
I have lost my wallet yesterday. (X)

과거시제

과거시제는 과거에 일어난 일, 역사적 사실을 나타낼 때 쓴다. yesterday, last, ago와 같이 과거의 특정 시점을 나타내는 말과 함께 쓰이는 경우가 많다.

James **moved** to Seoul two years ago.
Tony **was** in Tokyo last winter.

핵심 현재완료는 명백히 과거를 나타내는 표현과 함께 쓸 수 없다.

09 부분 부정 / 부사절에서 「주어+be동사」의 생략 / 동격

다음 중 밑줄 친 부분이 어법상 틀린 것을 고르시오.

① He is not always polite.
② Not all students are able to afford a university education.
③ Though rich, she is unhappy.
④ While doing the laundry, don't forget to add some soap.
⑤ Your guess which Betty is from Canada is wrong.

부분 부정

all, every, always 등이 not과 함께 쓰여 '모두[항상] ~인 것은 아니다'라는 의미를 나타낸다. 이때 주로 「not+all[every/always]」의 어순으로 쓴다.

Not all the money in the fund is used wisely.

부사절에서 「주어+be동사」의 생략

접속사 when, while, if, though 등이 이끄는 부사절의 주어가 주절의 주어와 일치할 때, 부사절의 「주어+be동사」는 종종 생략된다.

I study best **when** (**I am**) at the library.

동격

명사의 의미를 보충하기 위해 접속사 that이 이끄는 명사절을 덧붙이는 경우가 있는데, 이를 동격이라고 한다.

We think highly of the fact **that** she is confident. (the fact = she is confident)

핵심 **명사 뒤에서 그 명사의 의미를 보충하는 동격절에는 접속사 that을 쓴다.**

10 도치 구문의 형태 (부정어 도치)

다음 우리말과 일치하도록 빈칸에 알맞은 것을 고르시오.

아무리 감사의 말씀을 드려도 부족할 것 같아요. → Never ______________ you enough.

① I can thank
② I can't thank
③ can thank I
④ can I thank
⑤ can't I thank

도치 구문의 형태 (부정어 도치)

never, not, no, little, hardly, scarcely, rarely, only, seldom 등 부정어가 강조되어 문장 앞에 오는 경우에는 주어와 동사를 도치시켜 「부정어(구)+동사+주어」의 어순으로 쓴다.
동사가 일반동사인 경우에는 주어의 수와 시제에 따라 「부정어(구)+do[does/did]+주어」로 쓰며, 조동사가 쓰인 경우에는 「부정어(구)+조동사+주어+동사원형」으로 쓴다.

Never **have I heard** such a strange story.
(← I have never heard such a strange story.)

핵심 **부정어 Never가 문장 앞에 왔으며 조동사 can이 쓰인 문장이므로, 「부정어+조동사+주어」 뒤에 동사를 쓴다.**

11 수동태의 여러 형태

다음 두 문장이 같은 의미가 되도록 빈칸에 들어갈 말을 고르시오.

> Microsoft has released a new version of Windows.
> = A new version of Windows ________________.

① is released
② was released
③ has being released
④ has been released
⑤ had been released

수동태의 여러 형태

진행형 수동태
「be being v-ed」의 형태로, '~되고 있다'의 진행의 의미를 나타낸다.
A tall building **is being constructed** by the company.

완료형 수동태
「have[has] been v-ed」의 형태로, 수동태의 be동사를 완료형으로 바꾸어 나타낸다.
The flight to Mexico **has been cancelled**.

조동사가 있는 수동태
「조동사+be v-ed」의 형태로, 조동사 뒤에는 be동사의 원형인 be를 쓴다.
This disease **can be cured** by medicine.

핵심 능동태 문장의 시제가 현재완료일 때 수동태는 「have[has] been v-ed」의 형태로 쓴다.

12 동명사와 현재분사 구분

다음 중 밑줄 친 부분의 쓰임이 나머지와 다른 것을 고르시오.

① Eating fast food can lead to many serious health issues.
② My sister complained of feeling sick after we ate pizza for lunch.
③ You should give up drinking coffee while you take this medicine.
④ Could you postpone telling them about our plans?
⑤ Most of the people sitting at the back of the bus were heading to school.

동명사와 현재분사 구분

동명사와 현재분사는 둘 다 「동사원형+-ing」로 형태가 같지만 그 역할이 다르다.
동명사는 문장에서 명사처럼 쓰여 주어, 목적어, 보어 역할을 한다.
Winning is not everything. 〈주어〉
Would you *mind* **opening** the door? 〈동사의 목적어〉
How *about* **going** on a trip to Italy? 〈전치사의 목적어〉
My brother's hobby is **playing** the guitar. 〈보어〉

현재분사는 문장에서 형용사처럼 쓰여 명사를 수식하거나, be동사와 함께 쓰여 진행형으로 사용된다.
Mr. Kim woke up the **sleeping** *boy*. 〈명사 수식〉
Ivy *is* **playing** the violin. 〈진행형〉

핵심 동명사는 명사처럼 주어, 목적어, 보어 역할을 하며, 현재분사는 형용사처럼 명사를 수식하거나 진행형으로 쓰인다.

13 주어와 동사의 수 일치

다음 빈칸에 들어갈 말이 바르게 짝지어진 것을 고르시오.

> • Most of the survivors ___________ children.
> • Each of them ___________ something to do.

① was – has
② were – have
③ was – is
④ were – has
⑤ were – are

주어와 동사의 수 일치

일반적으로 every, each, -thing, -one, -body 등은 단수 취급한다.
Each of the workers **has** been busy all day.
There **is** *something* I don't fully understand.

「all[most/half/some/the rest] of+명사」가 쓰인 경우, of 뒤의 명사에 동사의 수를 일치시킨다.
All of the information here **is** confidential.

핵심 「most of+명사」는 of 뒤의 명사에 동사의 수를 일치시키며, each는 단수 취급하므로 단수 동사를 써야 한다.

14 감정을 나타내는 분사 / 분사구문의 형태 / 지각동사의 목적격보어

다음 글의 밑줄 친 부분 중 어법상 틀린 것을 고르시오.

> She felt ① embarrassed when her name was unexpectedly ② called. ③ Stepping up to the microphone, she could feel the sweat ④ started ⑤ to run down her neck.

감정을 나타내는 분사

'~한 감정을 느끼게 하는'이라는 능동의 뜻이면 현재분사로, '~한 감정을 느끼게 되는'이라는 수동의 뜻이면 과거분사로 쓴다.

> embarrassing (당황하게 하는) – embarrassed (당황한)
> interesting (흥미로운) – interested (흥미가 있는)
> surprising (놀라게 하는) – surprised (놀란)

분사구문의 형태

분사구문 만드는 방법

> ① 부사절의 접속사를 생략한다.
> ② 부사절의 주어가 주절의 주어와 같으면 생략한다.
> ③ 부사절의 동사를 현재분사(v-ing) 형태로 바꾸고, 주절은 그대로 쓴다.

지각동사의 목적격보어

지각동사의 목적어와 목적격보어가 능동 관계일 때 목적격보어는 원형부정사나 현재분사(목적어의 동작이 진행 중임을 강조)를 쓰고, 수동 관계일 때는 과거분사를 쓴다.

핵심 지각동사의 목적어와 목적격보어가 능동 관계일 때 목적격보어는 원형부정사나 현재분사를 쓴다.

15 관계부사와 관계대명사의 종류

다음 중 밑줄 친 부분이 어법상 틀린 것을 고르시오.

① That's the reason why he was so upset.
② She was the first Asian that climbed the mountain.
③ Swimming is a skill which anyone can learn.
④ Look at the man who is sitting on the floor!
⑤ The way how he looked at me made me feel happy.

16 「의문사+to부정사」

다음 우리말과 일치하도록 주어진 단어를 활용하여 문장을 완성하시오. (3단어로 쓸 것)

나는 너무 신나서 뭐라고 말할지 모르겠다. (say)

정답 I'm so excited that I don't know ______________ ______________.

관계부사의 종류

관계부사는 선행사를 수식하는 절을 이끌어 「접속사+부사」의 역할을 하며 「전치사+선행사」를 대신한다. 선행사와 관계부사는 함께 쓰거나 둘 중 하나를 생략할 수 있다. 단, the way와 how는 함께 쓸 수 없다.

	선행사	관계부사
시간	the time, the day, the year 등	when
장소	the place, the house, the city 등	where
이유	the reason	why
방법	the way	how

The Internet has changed **how[the way]** we communicate.

관계대명사의 종류

선행사의 종류와 관계대명사가 관계대명사절 내에서 하는 역할에 따라 관계대명사의 종류가 결정된다.

선행사	주격	목적격	소유격
사람	who, that	who(m), that	whose
사물, 동물	which, that	which, that	whose
사람, 사물, 동물	that	that	whose

There are *some animals* **which[that]** change their color. 〈주격〉
Lucy likes *the boy* **who(m)[that]** she met at the party. 〈목적격〉

핵심 선행사 the way와 관계부사 how는 함께 쓸 수 없다.

「의문사+to부정사」

「의문사+to부정사」는 문장 안에서 주어, 목적어, 보어 역할을 하며, 「의문사+주어+should[can]+동사원형」으로 바꿔 쓸 수 있다. 단, 「why+to부정사」는 쓰지 않는다.

- what to-v: 무엇을 ~할지
- when to-v: 언제 ~할지
- where to-v: 어디서 ~할지
- how to-v: 어떻게 ~할지
- who(m) to-v: 누구를[누구와] ~할지

Where to meet him has not yet been decided. 〈주어〉
I don't know **how to drive**. 〈목적어〉
The question is **when to start** the project. 〈보어〉

핵심 '무엇을 ~할지'는 「what+to부정사」로 나타낸다.

17 「with+목적어+분사」 구문

다음 두 문장이 같은 뜻이 되도록 빈칸에 알맞은 말을 쓰시오.

Marvin hugged me, and tears were running down his cheeks.
= Marvin hugged me with tears ___________ down his cheeks.

정답 ____________________

「with+목적어+분사」 구문

「with+목적어+분사」 구문은 '~가 …한[된] 채로'라는 의미를 나타낸다. 목적어 역할을 하는 (대)명사와 분사가 의미상 능동 관계일 때는 현재분사를, 수동 관계일 때는 과거분사를 쓴다.

I took a walk **with my dog following** me.
She was sitting on a bench **with her legs crossed.**

핵심 「with+목적어+분사」 구문에서 목적어와 분사가 의미상 능동 관계일 때 현재분사를 쓴다.

18 혼합가정법

다음 우리말과 일치하도록 주어진 단어를 바르게 배열하시오.

어젯밤에 눈이 왔었다면, 우리는 지금 눈싸움을 할 수 있을 텐데.
(a snowball fight, could, we, have)

정답 If it had snowed last night, ____________________

____________________________________ now.

혼합가정법

혼합가정법은 과거에 실현되지 못한 일이 현재까지 영향을 미치는 상황을 가정할 때 쓰며, '만약 (과거에) ~했다면, (현재) …할 텐데'라는 의미를 나타낸다. 주절과 종속절의 시제가 일치하지 않으며, 주로 「If+주어+had v-ed, 주어+조동사의 과거형+동사원형」의 형태로 나타낸다.

If I had not missed my flight, I **would be** in Italy now.
(← As I missed my flight, I'm not in Italy now.)

핵심 '만약 (과거에) ~했다면, (현재) …할 텐데'라는 의미를 나타내는 혼합가정법을 쓴다.

19 「It is[was] ~ that ...」 강조 구문

다음 밑줄 친 부분을 강조하여 문장을 다시 쓸 때, 빈칸에 알맞은 말을 쓰시오.

We're supposed to leave at nine o'clock.

정답 It is ______________________________

______________________________.

「It is[was] ~ that ...」 강조 구문

강조하고자 하는 말을 It is[was]와 that 사이에 두고, 나머지는 that 이하에 써서 '…한 것은 바로 ~이다'라는 의미를 나타낸다. 사람을 강조할 때는 that 대신 who를 쓸 수 있다.

Alex will be playing the piano at Anna's wedding.

→ **It is** *Alex* **that[who]** will be playing the piano at Anna's wedding. 〈Alex 강조〉

→ **It is** *the piano* **that** Alex will be playing at Anna's wedding. 〈the piano 강조〉

→ **It is** *at Anna's wedding* **that** Alex will be playing the piano. 〈at Anna's wedding 강조〉

핵심 강조하고자 하는 말을 It is와 that 사이에 두고 나머지는 that 이하에 써서 나타낸다.

20 도치 구문의 형태 (so/neither 도치)

다음 문장의 밑줄 친 부분을 바르게 고쳐 쓰시오.

A: I don't like Mondays. B: Neither I do.

정답 ______________________________

도치 구문의 형태 (so/neither 도치)

「so+동사+주어」는 '~도 또한 그렇다'의 의미로 긍정문 뒤에, 「neither+동사+주어」는 '~도 또한 그렇지 않다'의 의미로 부정문 뒤에 쓴다. 동사가 일반동사인 경우에는 주어의 수와 시제에 따라 do[does/did]를 쓴다.

The food was terrible, and so was the service.
= the service was terrible, too.

I can't go any further. — Neither can I.
= I can't go any further, either.

핵심 부정문 뒤에 쓰는 neither를 이용한 도치 구문은 「neither+동사+주어」의 어순으로 쓴다.

01 비교급을 이용한 최상급 표현

다음 우리말과 일치하도록 빈칸에 알맞은 것을 고르시오.

> Justin은 우리 반의 다른 어떤 소년보다도 더 인기가 많다.
> → Justin is ___________ than any other boy in my class.

① popular ② popularer
③ the popularest ④ more popular
⑤ the most popular

비교급을 이용한 최상급 표현

> 「비교급+than any other+단수명사」: 다른 어떤 …보다도 더 ~한
> 「No (other)+단수명사 ~ 비교급+than」: 어떤 것[누구]도 …보다 더 ~하지 않은
> 「비교급+than all the (other)+복수명사」: 다른 모든 …보다도 더 ~한

Ms. Simpson is **older than any other teacher** in our school.
No teacher in our school is **older than** Ms. Simpson.
She is **smarter than all the other students** in her class.

핵심 '다른 어떤 ~보다도 더 …한'은 최상급 표현 「비교급+than any other+단수명사」로 나타낸다.

02 관계부사의 종류

다음 두 문장이 같은 의미가 되도록 빈칸에 들어갈 말을 고르시오.

> The country in which I live is very cold.
> = The country ___________ I live is very cold.

① which ② that
③ what ④ wherever
⑤ where

관계부사의 종류

관계부사는 선행사를 수식하는 절을 이끌어 「접속사+부사」의 역할을 하며 「전치사+선행사」를 대신하므로 「전치사+관계대명사」로 바꿔 쓸 수 있다. 선행사와 관계부사는 함께 쓰거나 둘 중 하나를 생략할 수 있다. 단, the way와 how는 함께 쓸 수 없다.

관계부사	전치사+관계대명사
when 〈때〉	at/in/on/by which
where 〈장소〉	in/at/to/on which
why 〈이유〉	for which
how 〈방법〉	in which

This is the city. + I was born in the city.
→ This is *the city* **where** I was born.
→ This is *the city* **in which** I was born.

핵심 선행사가 The country이므로 in which는 장소를 나타내는 관계부사로 바꿔 쓸 수 있다.

03 주어와 동사의 수 일치

다음 빈칸에 들어갈 말이 바르게 짝지어진 것을 고르시오.

- Respecting the rules ___________ more important than winning games.
- The applicants that we've had for the job ___________ well qualified.

① are – is
② are – are
③ is – is
④ is – are
⑤ are – were

주어와 동사의 수 일치

동명사(구)가 주어로 쓰인 경우에는 단수 취급한다. 또한 주어가 관계사절에 의해 수식을 받는 경우 수식 받는 명사인 주어에 동사의 수를 일치시킨다.

Reading comic books **is** my hobby.
The woman who Danny is going to marry **is** a pilot.

핵심 주어로 쓰인 동명사(구)는 단수 취급하고, 관계사절의 수식을 받는 명사가 주어일 때 그 수에 동사를 일치시킨다.

04 동사와 준동사의 쓰임 구분

다음 중 빈칸에 알맞은 것을 고르시오.

The doctor ___________ an X-ray of my leg to examine the broken bone.

① took
② taking
③ taken
④ having taken
⑤ to take

동사와 준동사의 쓰임 구분

동사	준동사 (to부정사, 동명사, 분사)
문장에서 주어의 동작이나 상태를 서술하는 말	동사에서 파생되어 문장에서 명사, 형용사, 부사 등 다른 품사 역할을 하는 말
Suji **brought** some snacks to the party.	Suji decided **to bring** some snacks to the party.

핵심 하나의 절에는 하나의 동사가 쓰이는데 뒤에 to부정사가 있으므로 빈칸에는 동사가 와야 한다.

05 수동태의 여러 형태

다음 중 밑줄 친 부분이 어법상 틀린 것을 고르시오.

① Ross will be fired soon.
② They were made work in the head office.
③ He was seen playing basketball yesterday.
④ All my appointments are taken care of by my secretary.
⑤ The sick people were looked after by him for a week.

수동태의 여러 형태

조동사가 있는 수동태
「조동사+be v-ed」의 형태로, 조동사 뒤에는 be동사의 원형인 be를 쓴다.
This disease **can be cured** by medicine.

「make+목적어+목적격보어」의 수동태
사역동사 중 make만 수동태로 쓸 수 있으며, 이때 목적격보어로 쓰인 원형부정사는 to부정사로 바꾼다.
I **was made to feel** bad about what I did.

「지각동사+목적어+목적격보어」의 수동태
5형식 문장에서 지각동사의 목적격보어로 쓰인 현재분사는 수동태 문장에서 그대로 쓰고, 원형부정사가 쓰였을 때는 to부정사로 바꾼다.
She **was seen riding[to ride]** a bike.

동사구의 수동태
동사구는 하나의 동사로 취급하므로, 동사구에 포함된 부사나 전치사는 수동태 문장에서도 그대로 쓴다.
The man **was run over** by a car while crossing the street.

핵심 사역동사 make는 수동태로 쓸 때 목적격보어로 쓰인 원형부정사를 to부정사로 바꾼다.

06 지각동사의 목적격보어

다음 우리말과 일치하도록 빈칸에 알맞은 것을 고르시오.

Kelly는 멀리서 그녀의 이름이 불리는 것을 들었다. → Kelly heard her name ___________ from a distance.

① call ② calling
③ called ④ to call
⑤ having called

지각동사의 목적격보어

지각동사의 목적어와 목적격보어가 능동 관계일 때 목적격보어는 원형부정사나 현재분사(목적어의 동작이 진행 중임을 강조)를 쓰고, 수동 관계일 때는 과거분사를 쓴다.

Samuel **heard** *his wife* **calling** him from upstairs.
I **saw** *a car* **parked** on the side of the road.

핵심 지각동사의 목적어와 목적격보어가 수동 관계일 때, 목적격보어 자리에 과거분사를 쓴다.

07 부사절에서 「주어+be동사」의 생략

다음 문장에서 생략할 수 있는 것을 고르시오.

Though I was hungry, I didn't eat anything after 6 p.m.

① Though ② Though I
③ I was ④ I didn't
⑤ eat anything

부사절에서 「주어+be동사」의 생략

접속사 when, while, if, though 등이 이끄는 부사절의 주어가 주절의 주어와 일치하는 경우, 부사절의 「주어+be동사」는 종종 생략된다.

I study best *when* **(I am)** at the library.

핵심 접속사가 이끄는 부사절의 주어 I가 주절의 주어 I와 일치하므로, 부사절의 「주어+be동사」는 생략할 수 있다.

08 도치 구문의 형태 (부정어 도치)

다음 우리말을 영어로 바르게 옮긴 것을 고르시오.

그녀는 운전할 때 교통 법규를 절대 어기지 않는다.

① She does violate traffic laws when she drives.
② Never she doesn't violate traffic laws when she drives.
③ Never does she violates traffic laws when she drives.
④ Never does she violate traffic laws when she drives.
⑤ Never do she violate traffic laws when she drives.

도치 구문의 형태 (부정어 도치)

never, not, no, little, hardly, scarcely, rarely, only, seldom 등 부정어가 강조되어 문장 앞에 오는 경우에는 주어와 동사를 도치시켜 「부정어(구)+동사+주어」의 어순으로 쓴다.
일반동사가 있는 문장은 「do[does/did]+주어+동사원형」으로, 조동사가 쓰인 경우에는 「부정어(구)+조동사+주어」로 쓴다.

Never **did he dream** that he would become a famous actor.
(← He never dreamed that he would become a famous actor.)

핵심 부정어 Never가 문장 앞에 오면 주어와 동사가 도치되며, 일반동사 violate가 있으므로 주어의 수와 시제를 고려하여 Never 뒤에 「does+주어+동사원형」으로 써야 한다.

09 도치 구문의 형태 (so/neither 도치)

다음 우리말과 일치하도록 빈칸에 알맞은 것을 고르시오.

Robert는 개를 좋아하지 않고 나도 그렇지 않다. → Robert doesn't like dogs, and ___________.

① so am I
② so do I
③ neither will I
④ neither am I
⑤ neither do I

도치 구문의 형태 (so/neither 도치)

「so+동사+주어」는 '~도 또한 그렇다'의 의미로 긍정문 뒤에, 「neither+동사+주어」는 '~도 또한 그렇지 않다'의 의미로 부정문 뒤에 쓴다. 동사가 일반동사인 경우에는 주어의 수와 시제에 따라 do[does/did]를 쓴다.

The food was terrible, and so was the service.
= the service was terrible, too.

I can't go any further. — Neither can I.
= I can't go any further, either.

핵심 부정문 뒤에 쓰는 neither를 이용한 도치 구문의 어순에 유의한다.

10 다양한 가정법 표현

다음 중 어법상 옳은 것끼리 바르게 짝지어진 것을 고르시오.

a. I wish you are here with me now. b. He talked as if he known her. c. If the racers didn't wear gloves, their hands would get terribly hurt. d. She screamed as if she had lost her mind.

① a, b
② a, c
③ a, d
④ b, c
⑤ c, d

다양한 가정법 표현

「I wish+가정법 과거」
「I wish+주어+동사의 과거형」의 형태로, 현재 사실과 반대되는 일이나 실현 가능성이 희박한 일을 소망하거나 현재의 일에 대한 유감을 나타낼 때 쓴다. '(현재에) ~하면[라면] 좋을 텐데'라는 의미이다.
I wish I had better news.
(← I'm sorry that I don't have better news.)

「as if[though]+가정법 과거완료」
「as if[though]+주어+had v-ed」의 형태로, '마치 ~이었던[했던] 것처럼'이라는 의미이다. 주절보다 이전 시점의 일을 반대로 가정할 때 쓴다.
You talked **as if** you **had lived** in the town.
(← In fact, you hadn't lived in the town.)

가정법 과거
「If+주어+동사의 과거형, 주어+조동사의 과거형+동사원형」의 형태로, '(현재) ~하다면[라면] …할 텐데'라는 의미이다. if절의 be동사는 주어의 인칭과 수에 관계없이 were를 쓰는 경우가 많다.
If I **were** you, I **wouldn't say** that.

핵심 「I wish+가정법 과거」에서 be동사는 주어의 인칭과 수에 관계 없이 were를 쓰며, 가정법 과거는 「If+주어+동사의 과거형, 주어+조동사의 과거형+동사원형」의 형태로 쓴다.

11 by 이외의 전치사를 쓰는 수동태

다음 빈칸에 공통으로 들어갈 말을 고르시오.

- I was disappointed ____________ his lack of enthusiasm.
- She is interested ____________ fashion and cooking.

① of ② in
③ at ④ about
⑤ with

by 이외의 전치사를 쓰는 수동태

- be known as: ~로 알려져 있다
- be known for: ~로 유명하다
- be crowded with: ~로 붐비다
- be interested in: ~에 관심이 있다
- be covered with[in]: ~로 덮여 있다
- be worried about: ~에 대해 걱정하다
- be concerned about: ~에 대해 걱정하다
- be disappointed with[in/at]: ~에 실망하다
- be pleased with[about]: ~에 기뻐하다
- be satisfied with: ~에 만족하다
- be made of: ~로 만들어지다 〈물리적인 변화〉
- be made from: ~로 만들어지다 〈화학적인 변화〉

핵심 be disappointed with[in/at]나 be interested in처럼 by 이외의 전치사를 쓰는 경우도 있다.

12 종속접속사 that과 관계대명사 that의 구분

다음 중 밑줄 친 that의 쓰임이 나머지와 다른 것을 고르시오.

① The news that the president would visit France was announced.
② I found a website that sells picnic tables.
③ The fact that he lied to me made me upset.
④ Mike gave his opinion that watching TV a lot is bad for teens.
⑤ I heard the news that Kevin and Susan are getting married.

종속접속사 that

명사절을 이끌어 문장 내에서 주어, 목적어, 보어의 역할을 하며, '~라는 것'으로 해석한다.
명사의 의미를 보충하기 위해 접속사 that이 이끄는 명사절을 덧붙이는 경우가 있는데, 이를 동격이라고 한다. 동격절을 이끄는 that도 접속사이다.
I heard **that** the poll results are shocking. 〈목적어〉
We think highly of the fact **that** she is confident. 〈동격〉
(the fact = she is confident)

관계대명사 that

앞에 오는 명사를 수식하는 절을 이끌며, 접속사와 대명사의 역할을 동시에 한다.
I heard about the poll results **that** were shocking.
〈주격 관계대명사〉

핵심 문장에서의 역할에 따라 종속접속사 that과 관계대명사 that을 구분한다.

13 분사구문의 형태

다음 두 문장이 같은 의미가 되도록 빈칸에 들어갈 말을 고르시오.

> Because my parents are away for the week, I'm alone in the house.
> = _______________ away for the week, I'm alone in the house.

① Being
② To be
③ My parents being
④ My parents were
⑤ My parents having been

분사구문의 형태

분사구문 만드는 방법

> ① 부사절의 접속사를 생략한다.
> ② 부사절의 주어가 주절의 주어와 같으면 생략하고, 같지 않을 때는 생략하지 않는다.
> ③ 부사절의 동사를 현재분사(v-ing) 형태로 바꾸고, 주절은 그대로 쓴다.
> ④ 분사구문 맨 앞의 Being은 생략할 수 있다.

Watching TV, I ate popcorn.
(← *While* I watched TV, I ate popcorn.)
The dog **barking** at me, I ran away.
(← *As* the dog barked at me, I ran away.)

핵심 분사구문을 만들 때 부사절의 주어가 주절의 주어와 다른 경우 부사절의 주어를 생략하지 않는다.

14 「It is[was] ~ that ...」 강조 구문

다음 우리말과 일치하도록 빈칸에 알맞은 것을 고르시오.

> 내가 Jessica와 함께 간 곳은 바로 Mark의 결혼식이었다.
> → It was Mark's wedding ____________ I went to with Jessica.

① what
② when
③ that
④ who
⑤ which

「It is[was] ~ that ...」 강조 구문

강조하고자 하는 말을 It is[was]와 that 사이에 두고, 나머지는 that 이하에 써서 '…한 것은 바로 ~이다'라는 의미를 나타낸다. 사람을 강조할 때는 that 대신 who를 쓸 수 있다.

Alex will be playing the piano at Anna's wedding.
→ **It is** *Alex* **that[who]** will be playing the piano at Anna's wedding. 〈Alex 강조〉
→ **It is** *the piano* **that** Alex will be playing at Anna's wedding. 〈the piano 강조〉
→ **It is** *at Anna's wedding* **that** Alex will be playing the piano. 〈at Anna's wedding 강조〉

핵심 강조하고자 하는 말을 it was와 that 사이에 두고 나머지는 that 이하에 써서 나타낸다.

15 관계대명사의 종류 / 병렬

다음 중 밑줄 친 부분이 어법상 틀린 것을 고르시오.

① Shoppers often buy things that are not really needed.
② You are allowed to either read books or use the computer.
③ Just go around and look at what you are buying.
④ What I like about him is that he is humorous.
⑤ There are other options whose are less expensive.

16 부정대명사 either, neither

다음 우리말과 일치하도록 빈칸에 알맞은 말을 쓰시오.

나는 그 두 회사 중 어느 쪽도 믿을 만하지 않다고 생각한다.
→ I think ____________ of the two companies is reliable.

정답 ____________________

관계대명사의 종류

선행사의 종류와 관계대명사가 관계대명사절 내에서 하는 역할에 따라 관계대명사의 종류가 결정된다.

선행사	주격	목적격	소유격
사람	who, that	who(m), that	whose
사물, 동물	which, that	which, that	whose
사람, 사물, 동물	that	that	whose

관계대명사 what

선행사를 포함하는 관계대명사 what은 '~하는 것(들)'의 의미로, the thing(s) that[which]로 바꿔 쓸 수 있다.

What I really hate is being left alone for a while.
= **The thing that[which]** I really hate is being left alone for a while.

병렬

등위접속사(and, but, or 등)나 상관접속사(both A and B, either A or B, neither A nor B, not only A but (also) B 등)에 의해 연결된 어구들은 동일한 문법 형태와 구조로 쓴다.

James is **handsome**, **smart**, *and* very **popular**.

핵심 선행사가 사물이고 관계사절 안에서 주어 역할을 할 때는 주격 관계대명사 that[which]를 쓴다.

부정대명사 either, neither

either는 긍정문에서는 '둘 중 어느 한 쪽', 부정문에서는 '둘 중 어느 쪽도 (~아니다)'의 의미이다. 「either+단수명사」는 단수로, 「either of+복수명사」는 단수와 복수 모두로 취급할 수 있다.
neither는 '둘 중 어느 ~도 아닌'이라는 뜻으로 보통 단수 취급한다. 「neither+단수명사」는 단수로, 「neither of+복수명사」는 단수와 복수(구어체)로 모두 취급할 수 있다.

Either day **is** fine with me.
Is[Are] either of your parents retired?

Neither restaurant **is** open on Sundays.
Neither of the traffic lights **is[are]** working.

핵심 '둘 중 어느 ~도 아닌'이라는 뜻으로 「neither of+복수명사」를 쓸 수 있다.

17 간접의문문

다음 우리말과 일치하도록 주어진 단어를 바르게 배열하시오.

당신이 언제 태어나셨는지 제게 말씀해 주시겠어요? (you, born, when, were)

정답 Would you tell me ______________________________

______________________________?

간접의문문

의문문이 종속절처럼 다른 문장의 일부로 쓰일 때, 이것을 간접의문문이라고 한다. 간접의문문은 「의문사+주어+동사」의 어순으로 쓰며, 의문사가 없는 경우 「if[whether]+주어+동사」의 어순으로 쓴다.

Please tell me **how I can remove** this computer virus.

← Please tell me. + How can I remove this computer virus?

핵심 의문사 when이 있으므로 간접의문문은 「의문사+주어+동사」의 어순으로 쓴다.

18 「with+목적어+분사」 구문

다음 우리말과 일치하도록 주어진 단어를 활용하여 문장을 완성하시오. (4단어로 쓸 것)

한 남자가 그의 눈이 감긴 채로, 의자에 등을 기대고 있다. (with, eyes, close)

정답 A man is leaning back in his chair ______________

______________________________.

「with+목적어+분사」 구문

「with+목적어+분사」 구문은 '~가 …한[된] 채로'라는 의미를 나타낸다. 목적어 역할을 하는 (대)명사와 분사가 의미상 능동 관계일 때는 현재분사를, 수동 관계일 때는 과거분사를 쓴다.

I took a walk **with my dog following** me.

She was sitting on a bench **with her legs crossed.**

핵심 '~가 …한[된] 채로'는 「with+목적어+분사」 구문으로 나타내며, 목적어와 분사가 수동 관계이므로 과거분사를 쓴다.

19 간접화법

다음 문장을 간접화법으로 바꿔 쓸 때, 빈칸에 알맞은 말을 쓰시오.

> Nancy said, "I don't know what to do."
>
> → Nancy said that ______________________.

정답 ______________________

20 동명사와 to부정사를 목적어로 취하는 동사

다음 문장의 밑줄 친 부분을 바르게 고쳐 쓰시오.

> He said he got a text message from me, but I don't remember <u>to send</u> one.

정답 ______________

간접화법

간접화법이란 다른 사람이 한 말을 전달자의 입장에 맞게 바꿔서 전달하는 것을 말한다.

간접화법으로 바꾸는 방법

① 전달 동사를 바꾼다. (say → say / say to → tell)
② 주절의 콤마(,)와 인용 부호(" ")를 없애고 접속사 that을 쓴다. (that은 생략 가능)
③ 인용 부호 안의 인칭대명사는 전달자에 맞추고, 지시어, 부사(구), 동사의 시제를 문맥에 맞게 바꾼다.

He **said to** his sister, "I don't understand you at all." 〈직접화법〉
→ He **told** his sister **(that) he didn't** understand her at all. 〈간접화법〉

핵심 간접화법으로 전환할 때 전달 동사를 바꾸고, 인용 부호 안의 인칭대명사는 전달자에 맞춘 후 동사는 주절의 시제에 맞게 바꾼다.

동명사와 to부정사를 목적어로 취하는 동사

remember+동명사 remember+to부정사	(과거에) ~했던 것을 기억하다 (앞으로) ~할 것을 기억하다
forget+동명사 forget+to부정사	(과거에) ~했던 것을 잊다 (앞으로) ~할 것을 잊다
try+동명사 try+to부정사	시험삼아 ~해 보다 ~하려고 애쓰다[노력하다]
regret+동명사 regret+to부정사	(과거에) ~했던 것을 후회하다 (현재·미래에) ~하게 되어 유감이다

핵심 문맥상 '(과거에) ~했던 것을 기억하다'라는 의미를 나타내야 한다.

01 현재완료

다음 우리말과 일치하도록 빈칸에 알맞은 것을 고르시오.

나는 어제부터 아무것도 먹지 않아서 배가 고프다.
→ I'm hungry because I ___________ anything since yesterday.

① didn't eat ② don't eat
③ am not eating ④ haven't eaten
⑤ hadn't eaten

현재완료

현재완료는 「have[has] v-ed」의 형태로, 과거에 시작된 일이 현재에도 영향을 미치는 상태를 나타내며 since, for 등과 자주 함께 쓰인다.

I **have read** his novels before. 〈경험〉
They **have worked** here since 2005. 〈계속〉
The movie **has** just **finished.** 〈완료〉
Ted **has gone** to Spain to learn Spanish. 〈결과〉

핵심 어제부터 일어난 일이 현재까지 이어지고 있으므로 「have[has] v-ed」 형태의 현재완료로 쓴다.

02 조동사의 부정형

다음 두 문장이 같은 의미가 되도록 빈칸에 들어갈 말을 고르시오.

Ms. Brown is certainly not German.
= Ms. Brown ___________ be German.

① can't ② won't
③ must not ④ don't have to
⑤ should not

조동사의 부정형

must not	~하면 안 된다 〈금지〉
should not	~하지 않는 것이 좋겠다 〈충고·조언〉
cannot[can't]	~할 수 없다 〈불가능〉 ~일 리가 없다 〈강한 부정적 추측〉
may not	~않을지도 모른다 〈약한 추측〉 ~해서는 안 된다 〈금지〉
don't have to	~할 필요가 없다 〈불필요〉

He **cannot** be James. James is in Tokyo. 〈강한 부정적 추측〉

핵심 '~일 리가 없다'라는 의미의 강한 부정적 추측은 cannot[can't]을 쓴다.

03 4형식 문장의 수동태

다음 중 빈칸에 알맞은 것을 고르시오.

Some photos were shown ____________ the witness.

① to ② from
③ at ④ about
⑤ as

4형식 문장의 수동태

「주어+수여동사+간접목적어+직접목적어」의 4형식 문장은 목적어가 두 개이므로 각각을 주어로 한 두 개의 수동태 문장을 만들 수 있다.

직접목적어를 주어로 한 수동태의 경우, 간접목적어 앞에 전치사를 쓴다. 대부분의 동사는 전치사 to를, make, buy, get 등은 for를, ask는 of를 쓴다.

Ted gave me a concert ticket.
(me: 간접목적어, a concert ticket: 직접목적어)

→ I **was given** a concert ticket by Ted.

→ A concert ticket **was given** *to* me by Ted.

핵심 4형식 문장의 직접목적어를 주어로 한 수동태를 만들 때 대부분의 동사는 간접목적어 앞에 전치사 to를 쓴다.

04 by 이외의 전치사를 쓰는 수동태

다음 빈칸에 공통으로 들어갈 말을 고르시오.

• I am very satisfied ____________ their service. • The albums were covered ____________ dust.

① to ② on
③ for ④ from
⑤ with

by 이외의 전치사를 쓰는 수동태

- be known as: ~로 알려져 있다
- be known for: ~로 유명하다
- be crowded with: ~로 붐비다
- be interested in: ~에 관심이 있다
- be covered with[in]: ~로 덮여 있다
- be worried about: ~에 대해 걱정하다
- be concerned about: ~에 대해 걱정하다
- be disappointed with[in/at]: ~에 실망하다
- be pleased with[about]: ~에 기뻐하다
- be satisfied with: ~에 만족하다
- be made of: ~로 만들어지다 〈물리적인 변화〉
- be made from: ~로 만들어지다 〈화학적인 변화〉

핵심 수동태의 행위자를 나타낼 때 주로 전치사 by를 쓰지만, by 이외의 전치사를 쓰는 경우도 있다.

05 to부정사의 의미상의 주어

다음 우리말과 일치하도록 빈칸에 알맞은 것을 고르시오.

그런 말을 하다니 그녀는 무례하다.

→ It's rude ______________ to say things like that.

① to her ② for her
③ of her ④ of hers
⑤ with hers

to부정사의 의미상의 주어

to부정사가 나타내는 행위나 상태의 주체는 주로 「for+목적격」으로 나타낸다. 단, to부정사 앞에 사람의 성격이나 성질에 대한 주관적 평가를 나타내는 형용사(kind, rude, polite, foolish, careless 등)가 올 경우에는 「of+목적격」을 쓴다.

The movie was hard **for me** to understand.

It was *kind* **of you** to help those homeless people.

핵심 rude(무례한)는 사람의 성격에 대한 주관적인 평가를 나타내는 형용사이므로, to부정사의 의미상의 주어를 「of+목적격」으로 나타낸다.

06 동명사의 관용 표현 / 동명사와 to부정사를 목적어로 취하는 동사

다음 중 어법상 옳은 것을 고르시오.

① I couldn't help cry watching the movie.
② She spent most of her time studying.
③ I feel like to go to a concert.
④ We decided not taking on the project.
⑤ I planned doing something for my parents.

동명사의 관용 표현

- go v-ing: ~하러 가다
- be busy v-ing: ~하느라 바쁘다
- upon[on] v-ing: ~하자마자
- feel like v-ing: ~하고 싶다
- be used to v-ing: ~하는 데 익숙하다
- have difficulty v-ing: ~하는 것에 어려움을 겪다
- spend+돈[시간]+v-ing: ~하는 데 돈[시간]을 쓰다
- look forward to v-ing: ~하기를 고대하다
- cannot help v-ing: ~하지 않을 수 없다

동명사와 to부정사를 목적어로 취하는 동사

동명사를 목적어로 취하는 동사	enjoy, admit, finish, keep, mind, consider, avoid, quit, give up, postpone 등
to부정사를 목적어로 취하는 동사	want, hope, choose, learn, decide, agree, expect, plan, promise 등

She successfully *finished* **giving** a speech to the audience.

Paul *wanted* **to buy** some souvenirs at a local marketplace.

핵심 「spend+시간+v-ing」는 '~하는 데 시간을 쓰다'라는 표현이다.

07 종속접속사 if

다음 빈칸에 공통으로 들어갈 말을 고르시오.

- I don't know ____________ he was married.
- Call me anytime ____________ you want to join our club.

① if ② what
③ that ④ whether
⑤ though

종속접속사 if

명사절을 이끄는 종속접속사 if: ~인지 (아닌지)

I still wonder **if** I made the right decision.
I don't know **if** Jean will join our study group (or not).

조건의 부사절을 이끄는 종속접속사 if: 만약 ~라면

If you do this for me, I'll take you out to dinner.
If it snows tomorrow, I'll make a snowman with my children.

핵심 **if는 '만약 ~라면'이라는 의미로 조건을 나타내는 부사절을 이끌거나, '~인지 (아닌지)'라는 의미로 명사절을 이끈다.**

08 복합관계대명사

다음 두 문장이 같은 의미가 되도록 빈칸에 들어갈 말을 고르시오.

Eat anything that you want in this restaurant.
= Eat ____________ you want in this restaurant.

① that ② whatever
③ when ④ which
⑤ however

복합관계대명사

「관계대명사+-ever」의 형태로 명사절이나 양보의 부사절을 이끈다.

복합관계대명사	명사절	양보의 부사절
whoever	~하는 사람은 누구나 (anyone who)	누가 ~하더라도 (no matter who)
whichever	~하는 것은 어느 것이든 (anything which)	어느 것을 ~하더라도 (no matter which)
whatever	~하는 것은 무엇이든 (anything that)	무엇을 ~하더라도 (no matter what)

<u>Whoever</u> buys this will get another one free.
= Anyone who
You can eat <u>whichever</u> you prefer.
= anything which
You can donate <u>whatever</u> you like.
= anything that

핵심 '~하는 것은 무엇이든'의 의미로 **anything that**과 바꿔 쓸 수 있는 것은 **whatever**이다.

09 주어와 동사의 수 일치

다음 빈칸에 들어갈 말이 바르게 짝지어진 것을 고르시오.

• Both Jerry and Sally ____________ quite shy.
• Speaking ill of others ____________ bad.

① are – is
② are – are
③ is – is
④ is – are
⑤ are – were

주어와 동사의 수 일치

동명사(구)가 주어로 쓰인 경우에는 단수 취급하여 단수 동사를 쓴다.
Reading comic books **is** my hobby.

상관접속사의 수 일치

상관접속사는 두 개 이상의 단어가 짝을 이루어 하나의 접속사 역할을 한다. 「both A and B」는 복수 취급하고, 나머지는 모두 B에 동사의 수를 일치시킨다.

· both A and B: A와 B 둘 다
· not only A but also B(= B as well as A): A뿐만 아니라 B도
· either A or B: A 또는 B
· neither A nor B: A도 B도 아닌

Both Simon and I **love** playing tennis.
Neither my sister nor I **am** shy.

핵심 「both A and B」가 주어로 쓰인 경우에는 복수 동사를, 동명사(구)가 주어로 쓰인 경우에는 단수 동사를 쓴다.

10 관계대명사의 생략

다음 중 밑줄 친 부분을 생략할 수 있는 것을 고르시오.

① Do you know the woman over there who is wearing the blue hat?
② Do not drive cars whose tires are worn.
③ The teacher to whom I talked answered all my questions.
④ I met a businessman who runs a big travel agency in Dubai.
⑤ Her friendly manner is what makes her special.

관계대명사의 생략

목적격 관계대명사의 생략

목적격으로 쓰인 관계대명사 who(m), which, that은 생략 가능하다. 단, 「전치사+관계대명사」의 순서로 쓰는 경우에는 생략할 수 없다.
Is that the necklace (**which[that]**) you were looking *for*? (생략 가능)
Is that the necklace *for* **which** you were looking? (생략 불가)

「주격 관계대명사+be동사」의 생략

「주격 관계대명사+be동사」 뒤에 형용사구, 분사구 또는 전치사구가 이어질 때, 「주격 관계대명사+be동사」를 생략할 수 있다.
MJ offered some cookies (**which were**) made with ginger.

핵심 「주격 관계대명사+be동사」는 뒤에 분사구가 이어질 때 생략 가능하다.

11 가정법 과거완료

다음 우리말과 일치하도록 빈칸에 알맞은 것을 고르시오.

> 내가 그것을 더 빨리 끝냈다면 그 회의에 참석할 수 있었을 텐데.
> → If I had done it earlier, I ____________ the meeting.

① attended
② could attend
③ had attended
④ have attended
⑤ could have attended

가정법 과거완료

「If+주어+had v-ed, 주어+조동사의 과거형+have v-ed」의 형태로, '(과거에) ~했다면[였다면] …했을 텐데'라는 의미이다. 과거 사실과 반대되는 상황을 가정할 때 쓴다.

If I **hadn't been** tired, I **would have driven** you home.
(← As I was tired, I didn't drive you home.)
If she **had taken** the test, she **could have become** a nurse.
(← As she didn't take the test, she couldn't become a nurse.)

핵심 **과거 사실과 반대되는 상황을 가정하고 있으므로 「If+주어+had v-ed, 주어+조동사의 과거형+have v-ed」 형태의 가정법 과거완료를 쓴다.**

12 분사구문의 형태와 의미

다음 두 문장이 같은 의미가 되도록 빈칸에 들어갈 말을 고르시오.

> Having been in the same class for three years, we are very close to each other.
> = ____________ we have been in the same class for three years, we are very close to each other.

① While ② If
③ When ④ As
⑤ Though

분사구문의 형태와 의미

분사구문은 부사절의 접속사와 주절의 주어와 동일한 부사절의 주어를 생략한 후, 동사를 현재분사의 형태로 바꿔서 나타낸다. 문맥에 따라 동시동작, 시간·때, 이유, 조건 등으로 해석할 수 있다.

Watching TV, I ate popcorn. 〈동시동작〉
(← *While* I watched TV, I ate popcorn.)

Opening the door, I found the room empty. 〈시간·때〉
(← *When* I opened the door, I found the room empty.)

Having a cold, he went to the hospital. 〈이유〉
(← *As[Because]* he had a cold, he went to the hospital.)

Not buying two, you won't get a 15% discount. 〈조건〉
(← *If* you don't buy two, you won't get a 15% discount.)

핵심 **접속사가 생략된 분사구문의 문맥을 유추하여 빈칸에 알맞은 접속사를 찾는다.**

13 do 강조 구문

다음 대화의 빈칸에 알맞은 말을 고르시오.

A: You didn't finish the report, did you?
B: ______________, but I forgot to submit it.

① I did finish it
② I finish it
③ I do finished it
④ Did I finish it
⑤ Do I finish it

do 강조 구문

동사 앞에 조동사 do를 써서 「do[does/did]+동사원형」의 형태로 쓰면 동사를 강조하여 '정말 ~하다'라는 의미를 나타낼 수 있다.
He **does look** good in a suit.
I **did read** the book, but I didn't like it.

핵심 **동사 앞에 조동사 do를 써서 동사를 강조할 때 주어의 인칭이나 문장의 시제에 따라 does나 did로 바꾼다.**

14 간접의문문

다음 우리말을 영어로 바르게 옮긴 것을 고르시오.

너는 그녀가 왜 지각했는지 아니?

① Do you know was she late?
② Do you know why did she late?
③ Do you know why was she late?
④ Do you know that she was late?
⑤ Do you know why she was late?

간접의문문

의문문이 종속절처럼 다른 문장의 일부로 쓰일 때, 이것을 간접의문문이라고 한다. 간접의문문은 「의문사+주어+동사」의 어순으로 쓰며, 의문사가 없는 경우 「if[whether]+주어+동사」의 어순으로 쓴다.
Please tell me **how I can remove** this computer virus.
← Please tell me. + How can I remove this computer virus?

핵심 **의문사가 있는 간접의문문은 「의문사+주어+동사」의 어순으로 쓴다.**

15 종속접속사 that과 관계대명사 that의 구분

다음 중 밑줄 친 that의 쓰임이 나머지와 다른 것을 고르시오.

① Do you believe that he can read people's minds?
② It is better that you make mistakes earlier in life than later.
③ The problem is that I don't know how to upload files.
④ The news that our team had lost the game disappointed us.
⑤ The kind man that helped the lost child received an award.

종속접속사 that

명사절을 이끌어 문장 내에서 주어, 목적어, 보어의 역할을 하며, '~라는 것'으로 해석한다. 접속사 that이 이끄는 명사절이 주어 역할을 할 때, 이를 뒤로 보내고 주어 자리에 가주어 it을 쓸 수 있다.
명사의 의미를 보충하기 위해 접속사 that이 이끄는 명사절을 덧붙이는 경우가 있는데, 이를 동격이라고 한다. 동격절을 이끄는 that도 접속사이다.

I heard **that** the poll results are shocking. 〈목적어〉
It is sad **that** she lost her best friend. 〈진주어〉
We think highly of the fact **that** she is confident. 〈동격〉
(the fact = she is confident)

관계대명사 that

앞에 오는 명사를 수식하는 절을 이끌며, 접속사와 대명사의 역할을 동시에 한다. 관계대명사 that은 선행사가 사람이나 사물, 동물일 때 모두 쓸 수 있으며, 주격과 목적격 관계대명사로 쓸 수 있다.

I heard about the poll results **that** were shocking.
〈주격 관계대명사〉

핵심 **문장에서의 역할에 따라 종속접속사 that과 관계대명사 that을 구분한다.**

16 관계대명사의 계속적 용법

다음 중 잘못된 부분을 찾아 바르게 고쳐 쓰시오.

Shakespeare, that wrote many masterpieces, is one of my favorite writers.

정답 ____________ → ____________

관계대명사의 계속적 용법

관계대명사 앞에 콤마(,)가 있는 경우를 계속적 용법이라 하며, 이때 관계대명사절은 선행사에 대한 부가적인 정보를 제공하는 역할을 한다. 계속적 용법의 관계대명사는 「접속사+대명사」의 의미를 나타내며, which는 앞 절 전체를 대신할 수도 있다.
단, 관계대명사 that은 계속적 용법으로 사용할 수 없다.

I like Amy, **who** has a beautiful smile.
= for she has a beautiful smile
I met a pretty girl at the party, **which** I didn't expect.
= but I didn't expect this

핵심 **계속적 용법으로 관계대명사 that은 사용할 수 없다.**

17 시제 일치의 예외

다음 우리말과 일치하도록 주어진 단어를 활용하여 문장을 완성하시오.

그들은 프랑스 혁명이 1789년에 일어났다는 것을 알고 있다. (break out, in)

정답 They know that the French Revolution ________ ________________________________.

시제 일치의 예외

종속절이 일반적 진리나 격언, 과학적 사실, 현재에도 지속되는 상태 및 습관을 나타낼 때는 주절의 시제와 상관없이 현재시제로 쓴다.

Copernicus first *insisted* that the earth **goes** around the sun. 〈과학적 사실〉

과거의 역사적 사실은 주절의 시제와 상관없이 항상 과거시제를 사용한다.

The teacher **said** the Second World War **ended** in 1945.
(주절: The teacher said / 종속절: the Second World War ended in 1945.) 〈역사적 사실〉

핵심 종속절이 역사적 사실을 나타낼 때는 주절의 시제에 관계 없이 종속절에 과거시제를 쓴다.

18 반복 어구의 생략

다음 문장에서 생략할 수 있는 부분을 찾아 쓰시오. (2단어로 쓸 것)

I will go and I will return these books right away.

정답 ____________________

반복 어구의 생략

문맥상 없어도 의미 파악이 가능한 부분이나 반복되는 부분은 생략되는 경우가 많다.

He *is* not as active as Nancy **(is)**.

Jane gets up at six and **(Jane)** eats breakfast at seven.

I didn't *help him* because he didn't ask me to **(help him)**.

핵심 문장에서 반복되는 부분은 생략할 수 있다.

19 원급 비교 표현

다음 우리말과 일치하도록 주어진 단어를 활용하여 문장을 완성하시오. (4단어로 쓸 것)

이 스마트폰은 네 것보다 두 배만큼 더 비싸다. (as, expensive)

정답 This smartphone is ____________________

____________________ yours.

원급 비교 표현

「not+as[so]+원급+as」: ~만큼 …하지 않은[않게] 「배수사+as+원급+as」: ~보다 몇 배 …한[하게]

My legs are **not as[so] long as** her legs.
This violin is **three times as expensive as** mine.

핵심 '~보다 몇 배 …한[하게]'은 「배수사+as+원급+as」 표현으로 쓴다.

20 동격

다음 우리말과 일치하도록 주어진 단어를 바르게 배열하시오.

나는 모든 문제에는 해결책이 있다는 견해를 믿는다. (that, has, a solution, every, the idea, problem)

정답 I believe ____________________

____________________.

동격

명사의 의미를 보충하거나 다르게 바꾸어 말하기 위해 접속사 that이 이끄는 명사절을 덧붙이는 경우가 있는데, 이를 동격이라고 한다.

We think highly of the fact **that** she is confident.
(the fact = she is confident)

핵심 명사 the idea 뒤에 접속사 that을 써서 the idea의 의미를 보충 설명한다.

01 비교급을 이용한 표현

다음 우리말과 일치하도록 빈칸에 알맞은 것을 고르시오.

> 그는 나이가 들면 들수록 더 외로워졌다.
> → ___________ he got, the lonelier he became.

① Old ② Older
③ Oldest ④ The older
⑤ The oldest

비교급을 이용한 표현

> 「the+비교급 ~, the+비교급 ...」: ~하면 할수록 더 …하다
> 「비교급+and+비교급」: 점점 더 ~한[하게]

The sooner we finish this job, **the sooner** we can eat dinner.
The weather is getting **hotter and hotter**.

핵심 '~하면 할수록 더 …하다'는 「the+비교급 ~, the+비교급 ...」으로 나타낸다.

02 부정대명사 구문

다음 중 빈칸에 알맞은 것을 고르시오.

> Peter has two hobbies: one is fishing and ___________ is cooking.

① other ② the other
③ others ④ another
⑤ some

부정대명사 구문

<table>
<tr><td colspan="3">○
one</td><td colspan="3">●
the other</td></tr>
<tr><td colspan="3">○
one</td><td colspan="3">●●●
the others</td></tr>
<tr><td colspan="2">○
one</td><td colspan="2">■
another</td><td colspan="2">●
the other</td></tr>
<tr><td colspan="2">○
one</td><td colspan="2">▲
another</td><td colspan="2">●●●
the others</td></tr>
<tr><td colspan="2">○
one</td><td colspan="2">■▲○●
others</td><td colspan="2">●●●●●●
the others</td></tr>
<tr><td colspan="2">○○○○○○
some</td><td colspan="2">■▲●○
others</td><td colspan="2">●●●●●●
the others</td></tr>
</table>

핵심 둘 중 하나는 one, 나머지 하나는 the other로 나타낸다.

03 도치 구문의 형태 (so/neither 도치)

다음 대화의 빈칸에 알맞은 말을 고르시오.

A: I think David should be more careful. B: ____________________

① So am I. ② So do I.
③ So I am. ④ Neither do I.
⑤ Neither I do.

도치 구문의 형태 (so/neither 도치)

「so+동사+주어」는 '~도 또한 그렇다'의 의미로 긍정문 뒤에, 「neither+동사+주어」는 '~도 또한 그렇지 않다'의 의미로 부정문 뒤에 쓴다. 동사가 일반동사인 경우에는 주어의 수와 시제에 따라 do[does/did]를 쓴다.

The food was terrible, and so was the service.
= the service was terrible, too.

I can't go any further. — Neither can I.
= I can't go any further, either.

핵심 긍정문 뒤에 쓰는 so를 이용한 도치 구문은 「so+동사+주어」의 어순으로 쓴다.

04 분사구문의 형태 (완료분사구문)

다음 두 문장이 같은 의미가 되도록 빈칸에 들어갈 말을 고르시오.

After I had been late for work several times, I decided to get up earlier. = __________ late for work several times, I decided to get up earlier.

① Be ② Being
③ Had been ④ Have been
⑤ Having been

분사구문의 형태 (완료분사구문)

완료분사구문은 부사절의 시제가 주절의 시제보다 앞설 때 쓰는 분사구문으로, 부사절의 동사를 「having v-ed」의 형태로 쓴다.

Having worked hard all day, I was very tired.
(← *Since I had worked* hard all day, I was very tired.)

핵심 부사절의 동사가 주절의 동사보다 이전에 일어난 일을 나타내므로 「having v-ed」로 쓴다.

05 「조동사+have v-ed」의 의미

다음 우리말과 일치하도록 빈칸에 알맞은 것을 고르시오.

> 그가 나에게 거짓말을 했을지도 모른다.
> → He _______________ to me.

① had better lie
② would rather lie
③ must have lied
④ may have lied
⑤ should have lied

「조동사+have v-ed」의 의미

may have v-ed	이었을지도 모른다 〈과거 사실에 대한 약한 추측〉
must have v-ed	~이었음이 틀림없다 〈과거 사실에 대한 강한 추측〉
cannot[can't] have v-ed	~이었을 리가 없다 〈과거 사실에 대한 강한 부정〉
should have v-ed	~했어야 했다 (그러나 하지 않았다) 〈과거 사실에 대한 후회나 유감〉

A man was in the crosswalk. He **may have witnessed** the accident.
We're having a picnic today. You **should have brought** a packed lunch with drinks.

핵심 **'~이었을지도 모른다'라는 의미로 과거의 일에 대한 불확실한 추측을 나타낼 때는 「may have v-ed」를 쓴다.**

06 동사와 준동사의 쓰임 구분

다음 빈칸에 들어갈 말이 바르게 짝지어진 것을 고르시오.

> • I don't worry about stability when I __________ a job.
> • By the end of the party, I realized that Paul is an interesting person __________ to.

① choose – talks
② choosing – to talk
③ choose – to talk
④ choosing – talks
⑤ to choose – to talk

동사와 준동사의 쓰임 구분

동사	준동사 (to부정사, 동명사, 분사)
문장에서 주어의 동작이나 상태를 서술하는 말	동사에서 파생되어 문장에서 명사, 형용사, 부사 등 다른 품사 역할을 하는 말
Suji **brought** some snacks to the party.	Suji decided **to bring** some snacks to the party.

핵심 **절에는 동사가 반드시 필요하므로, when과 that이 이끄는 절에 동사가 있는지 파악해야 한다.**

07 관계대명사의 종류

다음 중 어법상 틀린 것의 개수를 구하시오.

a. We are scheduled to take a train which leaves at 11:50 a.m.
b. They wanted to do something that might revive their dying community.
c. How can I cheer up a coworker whose father is in the hospital?
d. That you did today was brave, and we are all proud of you.

① 0개 ② 1개 ③ 2개 ④ 3개 ⑤ 4개

관계대명사의 종류

선행사의 종류와 관계대명사가 관계대명사절 내에서 하는 역할에 따라 관계대명사의 종류가 결정된다.

선행사	주격	목적격	소유격
사람	who, that	who(m), that	whose
사물, 동물	which, that	which, that	whose
사람, 사물, 동물	that	that	whose

관계대명사 what

선행사를 포함하는 관계대명사 what은 '~하는 것(들)'의 의미로, the thing(s) that[which]으로 바꿔 쓸 수 있다.

What I really hate is being left alone for a while.

= **The thing that[which]** I really hate is being left alone for a while.

핵심 선행사를 포함하는 관계대명사 what은 '~하는 것(들)'의 의미를 나타낸다.

08 주어와 동사의 수 일치

다음 각 네모 안에서 어법상 알맞은 것끼리 바르게 짝지어진 것을 고르시오.

• Most of his landscapes [was / were] done in shades of black.
• The blanket with flower patterns [looks / look] nice.
• Half of your body's weight [is / are] protein, excluding water.

① was – looks – is
② was – look – are
③ were – looks – is
④ were – looks – are
⑤ were – look – is

주어와 동사의 수 일치

「all[most/half/some/the rest/분수] of+명사」는 뒤에 오는 명사의 수에 동사의 수를 일치시킨다.

All of the information here **is** confidential.

Most of the people **were** from foreign countries.

주어가 분사구, 전치사구 등에 의해 수식을 받는 경우 수식 받는 주어에 동사의 수를 일치시킨다.

The pine trees on the hill **are** large.

핵심 「most[half] of+명사」는 뒤에 오는 명사의 수에 동사를 일치시키고, 주어가 전치사구의 수식을 받는 경우 수식 받는 주어에 동사를 일치시킨다.

09 as if[though] 가정법

다음 우리말과 일치하도록 빈칸에 알맞은 것을 고르시오.

Amy는 마치 나를 지지하는 것처럼 말한다. → Amy talks as if she ____________ me.

① support ② has supported
③ supported ④ was supporting
⑤ had supported

10 문장의 시제

다음 중 밑줄 친 부분이 어법상 틀린 것을 고르시오.

① I have read the book three times.
② They have started dating last month.
③ Our sales have been on the rise recently.
④ He has gone to India and can't be reached.
⑤ I will let you know as soon as I have the details.

as if[though] 가정법

「as if[though]+가정법 과거」
「as if[though]+주어+동사의 과거형」의 형태로, '마치 ~인[한] 것처럼'이라는 의미이다. 주절과 같은 시점의 일을 반대로 가정할 때 쓴다.
She talks **as if** she **knew** Lauren.
(← In fact, she doesn't know Lauren.)

「as if[though]+가정법 과거완료」
「as if[though]+주어+had v-ed」의 형태로, '마치 ~이었던[했던] 것처럼'이라는 의미이다. 주절보다 이전 시점의 일을 반대로 가정할 때 쓴다.
You talked **as if** you **had lived** in the town.
(← In fact, you hadn't lived in the town.)

핵심 주절과 같은 시점의 일을 반대로 가정하고 있으므로, 「as if+주어+동사의 과거형」의 형태로 쓴다.

문장의 시제

현재완료
과거에 시작된 일이 현재에도 계속 영향을 미칠 때 사용하는 현재완료는 명백히 과거를 나타내는 표현(yesterday, last, ago 등)과 함께 쓸 수 없다.
I **lost** my wallet yesterday. (현재에 지갑을 찾았는지는 알 수 없음)
I **have lost** my wallet. (현재까지 지갑을 잃어버린 상태임)
I have lost my wallet yesterday. (X)

시간·조건의 부사절
시간이나 조건을 나타내는 부사절에서는 현재시제가 미래시제를 대신한다.
If it **rains**, we will stay home.
I will go outside *after* I **finish** my homework.

핵심 현재완료는 명백히 과거를 나타내는 표현과 함께 쓸 수 없다.

11 반복 어구의 생략 / 부사절에서 「주어+be동사」의 생략 / 동격

다음 중 어법상 옳은 것끼리 바르게 짝지어진 것을 고르시오.

a. Bring as many volunteers to the meeting as you can.
b. When tired, I just take a break at my desk.
c. You can't ignore the fact what she repeatedly lied about her actions.
d. Did you put the dirty clothes where I told you to?

① a, b ② a, c
③ a, d ④ a, b, c
⑤ a, b, d

반복 어구의 생략

문맥상 없어도 의미 파악이 가능한 부분이나 반복되는 부분은 생략되는 경우가 많다.

He is not as active as Nancy **(is)**.
I didn't help him because he didn't ask me to **(help him)**.

부사절에서 「주어+be동사」의 생략

접속사 when, while, if, though 등이 이끄는 부사절의 주어가 주절의 주어와 일치하는 경우, 부사절의 「주어+be동사」는 종종 생략된다.

I study best **when (I am)** at the library.

동격

명사의 의미를 보충하기 위해 접속사 that이 이끄는 명사절을 덧붙이는 경우가 있는데, 이를 동격이라고 한다.

We think highly of the fact **that** she is confident. (the fact = she is confident)

핵심 명사 뒤에서 그 명사의 의미를 보충하는 동격절은 접속사 that이 이끈다.

12 동명사와 to부정사를 목적어로 취하는 동사 / help의 목적격보어

다음 빈칸에 들어갈 말이 바르게 짝지어진 것을 고르시오.

- They delayed ___________ the winner of the contest.
- The book helps you ___________ mistakes when writing an English essay.

① to announce – avoid
② announcing – avoid
③ announcing – avoiding
④ to announce – avoid
⑤ announce – to avoid

동명사와 to부정사를 목적어로 취하는 동사

동명사를 목적어로 취하는 동사	enjoy, admit, finish, keep, mind, consider, avoid, quit, give up, postpone, delay 등
to부정사를 목적어로 취하는 동사	want, hope, choose, learn, decide, agree, expect, plan, promise 등

She successfully *finished* **giving** a speech to the audience.
Paul *wanted* **to buy** some souvenirs at a local marketplace.

help의 목적격보어

준사역동사 help는 목적격보어로 원형부정사와 to부정사 둘 다 취할 수 있다.

They *helped* us **(to) plant** trees.

핵심 동사 delay는 동명사를 목적어로 취하며, help는 목적격보어로 원형부정사와 to부정사를 모두 취할 수 있다.

13 「with+목적어+분사」 구문 / 지각동사의 목적격보어 / 감정을 나타내는 분사

다음 중 밑줄 친 부분이 어법상 옳은 것을 고르시오.

① My mother often makes a dish with the radio turning on.
② I saw a strange man walked around the park.
③ Several times he heard his name calling, but he ignored it.
④ It was embarrassed to make so many mistakes during my speech.
⑤ I was surprised when my son swallowed a five-cent coin.

14 상관접속사

다음 중 빈칸에 알맞은 것을 고르시오.

____________ Nicole nor Susan went shopping with me.

① Both
② Either
③ Neither
④ If
⑤ As well as

「with+목적어+분사」 구문

「with+목적어+분사」 형태로, '~가 …한[된] 채'라는 의미를 나타낸다. 목적어 역할을 하는 (대)명사와 분사가 의미상 능동 관계일 때는 현재분사를, 수동 관계일 때는 과거분사를 쓴다.

I took a walk **with my dog following** me.
She was sitting on a bench **with her legs crossed.**

지각동사의 목적격보어

지각동사의 목적어와 목적격보어가 능동 관계일 때 목적격보어는 원형부정사나 현재분사(목적어의 동작이 진행 중임을 강조)를 쓰고, 수동 관계일 때는 과거분사를 쓴다.

감정을 나타내는 분사

'~한 감정을 느끼게 하는'이라는 능동의 뜻이면 현재분사로, '~한 감정을 느끼게 되는'이라는 수동의 뜻이면 과거분사로 쓴다.

embarrassing (당황하게 하는) – embarrassed (당황한)
interesting (흥미로운) – interested (흥미가 있는)
surprising (놀라게 하는) – surprised (놀란)

핵심 사람의 감정을 나타낼 때 수동의 뜻(~한 감정을 느끼게 되는)일 경우에는 과거분사를 쓴다.

상관접속사

상관접속사는 두 개 이상의 단어가 짝을 이루어 하나의 접속사 역할을 한다.

- both A and B: A와 B 둘 다
- not only A but also B(= B as well as A): A뿐만 아니라 B도
- either A or B: A 또는 B
- neither A nor B: A도 B도 아닌

Both *my boyfriend* **and** *I* like ice cream.
Not only *I* **but also** *Mr. Harris* works for the radio station.
= *Mr. Harris*, **as well as** *I*, works for the radio station.
Either *your parents* **or** *your teacher* is going to help you.
Neither *she* **nor** *I* have any money.

핵심 nor이 포함된 상관접속사는 「neither A nor B」이다.

15 능동태와 수동태

다음 중 밑줄 친 부분이 어법상 틀린 것을 고르시오.

① My bike hit by a car yesterday and it broke.
② I wasn't hurt because I was in a store when it happened.
③ Karen was heard to cry in her dorm room.
④ Timothy resembles his older brother a lot.
⑤ The driver of the car was seen hitting my bike by a lady.

능동태와 수동태

행위를 하는 주체에 초점을 둘 때는 능동태를 쓰고, 행위를 받는 대상에 초점을 둘 때는 수동태를 쓴다. 수동태의 기본 형태는 「be동사+v-ed」이며, 행위자를 밝힐 필요가 있을 때는 「by+목적격」으로 나타낸다.

People **watch** CNN all over the world. 〈능동태〉
CNN **is watched** *by people* all over the world. 〈수동태〉

지각동사의 수동태
지각동사의 목적격보어로 쓰인 동사원형은 수동태 문장에서 to부정사로 쓴다. 지각동사의 목적격보어가 현재분사인 경우에는 수동태 문장에서 그대로 둔다.
They saw her riding a bike.
→ She **was seen** *riding* a bike.

수동태로 쓰지 않는 동사
자동사는 목적어가 없으므로 수동태로 쓸 수 없다.
happen/occur/take place(발생하다), appear(나타나다), disappear(사라지다), exist(존재하다), consist of(~로 구성되다) 등

소유나 상태를 나타내는 일부 타동사는 수동태로 쓸 수 없다.
have(~을 가지고 있다), fit(~에 맞다), suit(~에 어울리다), resemble(~을 닮다), lack(~이 부족하다) 등

핵심 행위의 주체가 아닌 행위를 받는 대상에 초점을 둘 때는 수동태를 쓴다.

16 복합관계부사

다음 우리말과 일치하도록 주어진 단어를 활용하여 문장을 완성하시오. (3단어로 쓸 것)

Jim은 올 때마다 항상 나에게 마실 무언가를 가져다준다. (come)

정답 ______________________, he always brings me something to drink.

복합관계부사

「관계부사+-ever」의 형태로 시간·장소의 부사절이나 양보의 부사절을 이끈다.

복합관계부사	시간·장소의 부사절	양보의 부사절
whenever	~할 때는 언제든지 (any time (that) / at any time)	언제 ~하더라도 (no matter when)
wherever	~하는 곳은 어디든지 (at[in/to] any place (that))	어디서 ~하더라도 (no matter where)
however	–	아무리 ~하더라도 (no matter how)

Whenever I saw her, I burst into laughter. 〈시간의 부사절〉
= Any time (that)
Sit down **wherever** you want to. 〈장소의 부사절〉
= at any place (that)
However humble it may be, there is no place like home.
= No matter how 〈양보의 부사절〉

핵심 '~할 때마다'는 복합관계부사 whenever로 나타낸다.

17 전체 부정

다음 우리말과 같은 뜻이 되도록 주어진 단어를 바르게 배열하시오.

우리 중 아무도 아직 결혼을 원하지 않는다.
(us, neither, wants, of)

정답 ______________________
to get married yet.

전체 부정

no, none, never, neither 등은 '아무(것)도[결코] ~않다'라는 전체 부정의 의미를 나타낸다.

None of the books listed are available for purchase.
The media is **never** right.

핵심 '아무도 ~않다'는 neither로 쓴다.

18 동사구의 수동태

다음 주어진 문장을 수동태로 바꿔 쓸 때, 밑줄 친 부분을 바르게 고쳐 쓰시오.

We laughed at his stupid plan.
→ His stupid plan <u>was laughed</u> by us.

정답 ______________

동사구의 수동태

동사구가 타동사 역할을 할 때는 동사구 전체를 하나의 동사로 취급하므로, 동사구에 포함된 부사나 전치사를 그대로 수동태로 쓴다.

A car **ran over** the man while crossing the street.
→ The man **was run over** by a car while crossing the street.

핵심 동사구를 수동태 문장으로 쓸 때는 동사구 전체를 하나의 동사로 취급한다.

19 도치 구문의 형태 (부정어 도치)

다음 밑줄 친 부분을 강조하여 문장을 다시 쓰시오.

I had never seen such carefully detailed work.

정답 ______________________

____

도치 구문의 형태 (부정어 도치)

never, not, no, little, hardly, scarcely, rarely, only, seldom 등 부정어가 강조되어 문장 앞에 오는 경우에는 주어와 동사를 도치시켜 「부정어(구)+동사+주어」의 어순으로 쓴다.

일반동사인 경우에는 주어의 수와 시제에 따라 「부정어(구)+do[does/did]+주어+동사원형」으로 쓰며, 조동사가 쓰인 경우에는 「부정어(구)+조동사+주어」로 쓴다.

Never **have I heard** such a strange story.
(← I have never heard such a strange story.)

핵심 부정어 never를 강조하고 과거완료가 쓰인 경우 「Never+had+주어+v-ed」의 어순으로 쓴다.

20 동명사의 관용 표현

다음 우리말과 일치하도록 잘못된 부분을 찾아 바르게 고쳐 쓰시오.

Charles는 바닥에 앉는 데 익숙하지 않았다. → Charles was not used to sit on the floor.

정답 ____________ → ____________

동명사의 관용 표현

- go v-ing: ~하러 가다
- be busy v-ing: ~하느라 바쁘다
- feel like v-ing: ~하고 싶다
- upon[on] v-ing: ~하자마자
- be used to v-ing: ~하는 데 익숙하다
- have difficulty v-ing: ~하는 것에 어려움을 겪다
- spend+돈[시간]+v-ing: ~하는 데 돈[시간]을 쓰다
- look forward to v-ing: ~하기를 고대하다
- cannot help v-ing: ~하지 않을 수 없다

핵심 '~하는 데 익숙하다'는 「be used to v-ing」로 나타낸다.

01 원급과 비교급을 이용한 최상급 표현

다음 우리말과 일치하도록 빈칸에 알맞은 것을 고르시오.

어떤 여자도 우리 어머니보다 더 지혜롭지는 않다.
→ ___________ woman is wiser than my mother.

① Any
② Some
③ No
④ All
⑤ Every

원급과 비교급을 이용한 최상급 표현

「No (other)+단수명사 ~ as[so]+원급+as」: 어떤 것[누구]도 …만큼 ~하지 않은
「No (other)+단수명사 ~ 비교급+than」: 어떤 것[누구]도 …보다 더 ~하지 않은

No (other) teacher in our school is **as[so] old as** Ms. Simpson.
No (other) teacher in our school is **older than** Ms. Simpson.

핵심 '어떤 것[누구]도 …보다 더 ~하지 않은'은 「No (other)+단수명사 ~ 비교급+than」으로 나타낸다.

02 사역동사의 목적격보어

다음 중 빈칸에 알맞은 것을 고르시오.

I have had my cell phone ___________ at the service center a number of times.

① repair
② to repair
③ repaired
④ repairing
⑤ to repairing

사역동사의 목적격보어

make, let, have 등의 사역동사는 목적어와 목적격보어가 능동 관계일 때 목적격보어로 원형부정사를 쓴다. 목적어와 목적격보어가 의미상 수동의 관계일 때는 과거분사를 쓸 수 있다.
He looked exhausted, so I **made** *him* **go** to bed immediately.
The host **had** *the food* **prepared** by a local restaurant.

핵심 사역동사의 목적어와 목적격보어가 수동 관계이므로 목적격보어로 과거분사를 쓴다.

03 가정법 과거완료

다음 두 문장이 같은 의미가 되도록 빈칸에 들어갈 말을 고르시오.

> As I didn't join the cooking club, I could not see her more often.
>
> = If I ___________ the cooking club, I could have seen her more often.

① join ② joined
③ would join ④ had joined
⑤ could have joined

가정법 과거완료

「If+주어+had v-ed, 주어+조동사의 과거형+have v-ed」의 형태로, '(과거에) ~했다면[였다면] …했을 텐데'라는 의미이다. 과거 사실과 반대되는 상황을 가정할 때 쓴다.

If I **hadn't been** tired, I **would have driven** you home.
(← As I was tired, I didn't drive you home.)
If she **had taken** the test, she **could have become** a nurse.
(← As she didn't take the test, she couldn't become a nurse.)

핵심 **과거 사실과 반대되는 상황을 가정하고 있으므로 가정법 과거완료를 쓴다.**

04 병렬

다음 빈칸에 들어갈 말이 바르게 짝지어진 것을 고르시오.

> • Amy decided to stop eating fast food and ___________ soda for her health.
>
> • Mr. Choi works hard not to make money but ___________ an expert in the field.

① drink – to become
② drinking – to become
③ drink – becoming
④ drinking – becoming
⑤ drink – becomes

병렬

등위접속사(and, but, or 등)나 상관접속사(both A and B, either A or B, not only A but (also) B, not A but B 등)에 의해 연결된 어구들은 동일한 문법 형태와 구조로 쓴다.

James is **handsome**, **smart**, *and* very **popular**.
Kate used to go *either* **skiing** *or* **snowboarding** in winter.

핵심 **등위접속사 and와 상관접속사 「not A but B」로 연결된 어구이므로 동일한 문법 형태로 써야 한다.**

05 미래완료

다음 우리말과 일치하도록 빈칸에 알맞은 것을 고르시오.

그가 돌아올 때쯤 나는 새 집으로 이사했을 것이다. → I ______________ into a new house by the time he comes back.

① moved ② have moved
③ had moved ④ will have moved
⑤ have been moving

미래완료

「will have v-ed」의 형태로 쓰며, 미래의 특정 시점까지 완료되거나 그 이전에 완료될 것으로 예상되는 일을 나타낸다.

My parents **will have been married** for 20 years next month.

I **will have finished** the report before the end of the week.

핵심 미래의 특정 시점까지 또는 그 이전에 완료될 것으로 예상되는 일을 나타내는 미래완료로 쓴다.

06 「with+목적어+분사」 구문

다음 중 빈칸에 알맞은 것을 고르시오.

She went out for a walk with her dogs ______________ her.

① follows ② followed
③ following ④ to follow
⑤ having followed

「with+목적어+분사」 구문

「with+목적어+분사」의 형태로 '~가 …한[된] 채로'이라는 의미를 나타낸다. 목적어 역할을 하는 (대)명사와 분사가 의미상 능동 관계일 때는 현재분사를, 수동 관계일 때는 과거분사를 쓴다.

I took a walk **with music playing** on my headphones.

She was sitting on a bench **with her legs crossed**.

핵심 '~가 …한[된] 채로'라는 의미의 「with+목적어+분사」 구문에서 목적어와 분사가 의미상 능동 관계이므로 현재분사를 쓴다.

07 동사와 준동사의 쓰임 구분

다음 중 밑줄 친 부분이 어법상 옳은 것끼리 바르게 짝지어진 것을 고르시오.

a. Making sure you hang a wet towel on your chair to humidify your room.
b. The bicycle that I had wanted to buy was sold out when I got to the shop.
c. Having a sense of humor meaning you can get through any situation easily.
d. Dodo birds once wandered Mauritius, a tropical island situated in the Indian Ocean.

① a, b
② a, c
③ a, d
④ b, c
⑤ b, d

동사와 준동사의 쓰임 구분

동사	준동사 (to부정사, 동명사, 분사)
문장에서 주어의 동작이나 상태를 서술하는 말	동사에서 파생되어 문장에서 명사, 형용사, 부사 등 다른 품사 역할을 하는 말
Suji **brought** some snacks to the party.	Suji decided **to bring** some snacks to the party.

핵심 하나의 절에는 하나의 동사가 쓰이므로, 절에 동사가 이미 있다면 또 다른 동사는 준동사가 되어야 한다.

08 종속접속사 that과 관계대명사 that의 구분

다음 중 밑줄 친 부분의 쓰임이 나머지와 다른 것을 고르시오.

① It is amazing that she survived the accident.
② This is the hat that I knit last year.
③ He was wearing a shirt that was brightly colored.
④ Jenny didn't like the movie that we saw last week.
⑤ There was no one that could help me.

종속접속사 that

명사절을 이끌어 문장 내에서 주어, 목적어, 보어의 역할을 하며, '~라는 것'으로 해석한다. 접속사 that이 이끄는 명사절이 주어 역할을 할 때, 이를 뒤로 보내고 주어 자리에 가주어 it을 쓸 수 있다.

명사의 의미를 보충하기 위해 접속사 that이 이끄는 명사절을 덧붙이는 경우가 있는데, 이를 동격이라고 한다. 동격절을 이끄는 that도 접속사이다.

I heard **that** the poll results are shocking. 〈목적어〉

It is sad **that** she lost her best friend. 〈진주어〉

We think highly of the fact **that** she is confident. 〈동격〉 (the fact = she is confident)

관계대명사 that

앞에 오는 명사를 수식하는 절을 이끌며, 접속사와 대명사의 역할을 동시에 한다. 관계대명사 that은 선행사가 사람이나 사물, 동물일 때 모두 쓸 수 있으며, 주격과 목적격 관계대명사로 쓸 수 있다.

I heard about the poll results **that** were shocking.
〈주격 관계대명사〉

핵심 문장에서 진주어 역할을 하는 명사절을 이끄는 종속접속사 that과 선행사를 수식하는 절을 이끄는 관계대명사 that을 구분한다.

09 목적어가 that절인 문장의 수동태

다음 우리말과 일치하도록 빈칸에 알맞은 것을 고르시오.

> 야구가 가장 인기 있는 스포츠 중 하나라고들 말한다.
>
> → Baseball ____________ one of the most popular sports.

① is said that ② is said being
③ is said to be ④ says to be
⑤ says being

10 복합관계대명사 / 복합관계부사 / 관계대명사의 계속적 용법

다음 중 밑줄 친 부분이 어법상 틀린 것을 고르시오.

① Try to forget whatever is bothering you.
② However hard I tried, I couldn't get it to work.
③ I can rely on her whenever I need something.
④ Store coffee in a freezer, where has a drier environment.
⑤ The bridge, which is 137 meters long, was built in 1889.

목적어가 that절인 문장의 수동태

동사가 ask, believe, expect, report, say, show, think 등이고 목적어가 that절인 문장의 경우 가주어 it이나 that절의 주어를 각각 주어로 하여 수동태 문장을 만들 수 있다.

People *say* **that** a picture is worth a thousand words.
→ **It** *is said* **that** a picture is worth a thousand words.
→ **A picture** *is said* **to be** worth a thousand words.

핵심 **동사가 say이고 목적어가 that절인 문장을 수동태로 만드는 경우, that절의 주어를 문장의 주어로 쓸 때 동사는 to부정사로 바꾼다.**

복합관계대명사

「관계대명사+-ever」의 형태로 명사절이나 양보의 부사절을 이끈다.

복합관계대명사	명사절	양보의 부사절
whoever	~하는 사람은 누구나 (anyone who)	누가 ~하더라도 (no matter who)
whichever	~하는 것은 어느 것이든 (anything which)	어느 것을 ~하더라도 (no matter which)
whatever	~하는 것은 무엇이든 (anything that)	무엇을 ~하더라도 (no matter what)

You can donate **whatever** you like.

복합관계부사

「관계부사+-ever」의 형태로 시간·장소의 부사절이나 양보의 부사절을 이끈다.

복합관계부사	시간·장소의 부사절	양보의 부사절
whenever	~할 때는 언제든지 (any time (that) / at any time)	언제 ~하더라도 (no matter when)
wherever	~하는 곳은 어디든지 (at[in/to] any place (that))	어디서 ~하더라도 (no matter where)
however	–	아무리 ~하더라도 (no matter how)

Whenever I saw her, I burst into laughter. 〈시간의 부사절〉
= Any time (that)

However humble it may be, there is no place like home.
= No matter how 〈양보의 부사절〉

관계대명사의 계속적 용법

관계대명사 앞에 콤마(,)가 있는 경우를 계속적 용법이라 하며, 이때 관계대명사절은 선행사에 대한 부가적인 정보를 제공하는 역할을 한다.

I met a pretty girl at the party, **which** I didn't expect.
= but I didn't expect this

핵심 **관계대명사의 계속적 용법에서 선행사가 사물이고 주어 역할을 하는 경우, 주격 관계대명사를 쓴다.**

11 조동사의 의미

다음 중 빈칸에 알맞은 것을 고르시오.

Peter ____________ be a genius. He has an IQ of 165.

① should　② had better
③ can't　④ must
⑤ used to

조동사의 의미

can	~할 수 있다(= be able to)
used to	~하곤 했다(= would), ~이었다
had better	~하는 게 좋겠다
must	~해야 한다(= have to), ~임이 틀림없다
should	~해야 한다, ~하는 것이 좋다

can의 부정형 cannot[can't]는 '~할 수 없다, ~일 리가 없다'라는 의미의 강한 부정적 추측을 나타낸다.

Mechanics **can** fix a variety of machines.
My father **used to**(= would) jog every morning.
There **used to** be a statue of a loyal dog here.
It's late. You **had better** go now.
I **must**(= have to) finish this work by Friday.
Jay hasn't eaten all day. He **must** be hungry.
He **cannot** be James. James is in Tokyo.

핵심 must는 '~해야 한다, ~임이 틀림없다'라는 의미이다.

12 문장의 시제

다음 중 밑줄 친 부분이 어법상 틀린 것을 고르시오.

① Our family immigrated to the States five years ago.
② We lived in New York since then.
③ My daughter is having a hard time finding a job in New York.
④ We have decided to move to Washington DC next month.
⑤ I hope she will get a job there.

문장의 시제

과거시제와 현재완료
과거시제는 단순히 과거의 일을 나타내는 반면 현재완료는 과거에 시작된 일이 현재에도 계속 영향을 미칠 때 사용한다. 현재완료는 명백히 과거를 나타내는 표현(yesterday, last, ago 등)과 함께 쓸 수 없다.
I **lost** my wallet yesterday. (현재 지갑을 찾았는지 모름)
I **have lost** my wallet. (현재까지 지갑을 잃어버린 상태)
I have lost my wallet yesterday. (X)

진행형으로 쓰지 않는 동사
know, want, like, love, own, have(가지다) 등 생각·감정·소유를 나타내는 동사는 진행형으로 쓸 수 없다. 단, have가 '먹다' 또는 '(경험을) 겪다, 하다'의 의미일 때는 진행형으로 쓸 수 있다.
I **am having** breakfast now. (O)
I am having a parrot. (X)

핵심 since는 '~ 이래로'의 의미로 현재완료와 함께 쓰인다.

13 분사구문의 형태 (완료분사구문)

다음 우리말과 일치하도록 빈칸에 알맞은 것을 고르시오.

> 그는 중국에서 살았기 때문에 중국어를 할 줄 안다.
> → ___________ in China, he can speak Chinese.

① Live ② Living
③ To live ④ Being lived
⑤ Having lived

분사구문의 형태 (완료분사구문)

완료분사구문은 부사절의 시제가 주절의 시제보다 앞설 때 쓰는 분사구문으로, 부사절의 동사를 「having v-ed」의 형태로 쓴다.

Having worked hard all day, I was very tired.
(← *Since I had worked* hard all day, I was very tired.)

핵심 **분사구문에서 부사절의 내용(중국에서 살았다)이 주절의 내용보다 이전에 일어난 일을 나타내므로 부사절의 동사를 「having v-ed」로 쓴다.**

14 목적어의 형태에 따라 의미가 달라지는 동사

다음 중 밑줄 친 부분의 해석으로 옳지 않은 것을 고르시오.

① I remember bringing an umbrella, but now I can't find it.
= 우산을 가져온 것을 기억한다

② Don't forget to meet me at the airport next Friday.
= 나를 만날 것을 잊지 마

③ The runner tried to catch up with the other competitors.
= 다른 경쟁자들을 따라잡는 것을 시도했다

④ I regretted telling him my biggest secret.
= 그에게 말한 것을 후회했다

⑤ We stopped to take pictures because the scenery was beautiful.
= 사진 찍기 위해 멈췄다

목적어의 형태에 따라 의미가 달라지는 동사

remember+동명사 remember+to부정사	(과거에) ~했던 것을 기억하다 (앞으로) ~할 것을 기억하다
forget+동명사 forget+to부정사	(과거에) ~했던 것을 잊다 (앞으로) ~할 것을 잊다
try+동명사 try+to부정사	시험삼아 ~해 보다 ~하려고 애쓰다[노력하다]
regret+동명사 regret+to부정사	(과거에) ~했던 것을 후회하다 (현재·미래에) ~하게 되어 유감이다

핵심 **「try+to부정사」는 '~하려고 애쓰다[노력하다]'라는 의미이다.**

15 주어와 동사의 수 일치

다음 중 밑줄 친 부분이 어법상 틀린 것을 고르시오.

① The phone in that ad are the one I want to buy.
② Where the strange bug came from was a mystery.
③ Students who have completed their exams are leaving the classroom now.
④ The number of people who do not wear their seat belts has decreased.
⑤ A van painted the colors of the rainbow is driving slowly.

주어와 동사의 수 일치

동명사구, 명사절 등이 주어인 경우에는 단수 취급하여 단수 동사를 쓴다.
주어가 관계사절, 분사구, 전치사구 등에 의해 수식을 받아 길어진 경우에는 수식 받는 주어에 동사의 수를 일치시킨다.

The pine trees on the hill **are** large.

「a number of+복수명사」는 '많은 ~'이라는 뜻으로 복수 취급,
「the number of+복수명사」는 '~의 수'라는 뜻으로 단수 취급한다.

A number of school events *are* planned for October.
The number of cars *rises* every year.

핵심 **주어가 전치사구의 수식을 받는 경우 수식 받는 명사인 주어에 동사의 수를 일치시킨다.**

16 「의문사+to부정사」

다음 우리말과 일치하도록 주어진 단어를 활용하여 문장을 완성하시오. (3단어로 쓸 것)

그는 내게 바퀴를 갈아 끼우는 방법을 알려주었다. (how, change)

정답 He taught me ________________________ a wheel.

「의문사+to부정사」

「의문사+to부정사」는 문장에서 주어, 목적어, 보어 역할을 하며 「의문사+주어+should[can]+동사원형」으로 바꿔 쓸 수 있다. 단, 「why+to부정사」로는 쓰지 않는다.

- what to-v: 무엇을 ~할지
- when to-v: 언제 ~할지
- where to-v: 어디서 ~할지
- how to-v: 어떻게 ~할지
- who(m) to-v: 누구를[누구와] ~할지

Where to meet him has not yet been decided. 〈주어〉
I don't know **how to drive**. 〈목적어〉
The question is **when to start** the project. 〈보어〉

핵심 **「how+to부정사」는 '어떻게 ~할지' 또는 '~하는 방법'이라는 의미를 나타낸다.**

17 부분 부정

다음 우리말과 일치하도록 주어진 단어를 활용하여 문장을 완성하시오. (2단어로 쓸 것)

너는 항상 네가 하고 싶은 대로만 할 수는 없다. (can)

정답 You ________________ do as you like.

부분 부정

all, every, always 등이 not과 함께 쓰여 '모두[항상] ~인 것은 아니다'라는 의미를 나타낸다. 이때 주로 「not+all[every/always]」의 어순으로 쓴다.

Not all the money in the fund is used wisely.

핵심 **always가 not과 함께 쓰이면 '항상 ~인 것은 아니다'라는 부분 부정의 의미를 나타낸다.**

18 간접의문문

다음 우리말과 일치하도록 주어진 단어를 바르게 배열하시오.

나는 그 일자리 제안을 받아들여야 하는지를 결정할 수 없다. (I, accept, whether, should, the job offer)

정답 I can't decide ________________

________________.

간접의문문

의문문이 종속절처럼 다른 문장의 일부로 쓰일 때, 이것을 간접의문문이라고 한다. 간접의문문은 「의문사+주어+동사」의 어순으로 쓰며, 의문사가 없는 경우 「if[whether]+주어+동사」의 어순으로 쓴다.

I doubt **if[whether] he can solve** this question by himself.

← I doubt. + Can he solve this question by himself?

핵심 **의문사가 없는 간접의문문이므로 「whether+주어+동사」의 어순으로 쓴다.**

19 간접화법

다음 주어진 문장을 간접화법으로 바꿔 쓰시오. (10단어로 쓸 것)

The actress said, "I will participate in a volunteer program for the blind."

정답 The actress said that ____________________

____________________.

간접화법

간접화법이란 다른 사람이 한 말을 전달자의 입장에 맞게 바꿔서 전달하는 것을 말한다.

간접화법으로 바꾸는 방법

① 전달 동사를 바꾼다. (say → say / say to → tell) ② 주절의 콤마(,)와 인용 부호(" ")를 없애고 접속사 that을 쓴다. (that은 생략 가능) ③ 인용 부호 안의 인칭대명사는 전달자에 맞추고, 지시어, 부사(구), 동사의 시제를 문맥에 맞게 바꾼다.

He **said to** his sister, "I don't understand you at all." 〈직접화법〉
→ He **told** his sister **(that) he didn't** understand her at all. 〈간접화법〉

핵심 간접화법으로 전환할 때 인칭대명사를 전달자의 입장에 맞게 바꾼 후 동사는 주절의 시제에 맞게 바꿔야 한다.

20 도치 구문의 형태 (so/neither 도치)

다음 우리말과 일치하도록 **so** 또는 **neither**를 활용하여 문장을 완성하시오.

나는 노트북 컴퓨터를 사고 싶은데 내 친구도 그렇다. → I want to buy a laptop, and ____________________ ____________________.

정답 ____________________

도치 구문의 형태 (so/neither 도치)

「so+동사+주어」는 '~도 또한 그렇다'의 의미로 긍정문 뒤에, 「neither+동사+주어」는 '~도 또한 그렇지 않다'의 의미로 부정문 뒤에 쓴다. 동사가 일반동사인 경우에는 주어의 수와 시제에 따라 do[does/did]를 쓴다.

The food was terrible, and so was the service.
= the service was terrible, too.

I can't go any further. — Neither can I.
= I can't go any further, either.

핵심 긍정문 뒤에 쓰는 so를 이용한 도치 구문은 「so+동사+주어」의 어순으로 쓴다. neither는 부정문 뒤에 쓰인다.

MEMO

MEMO

MEMO

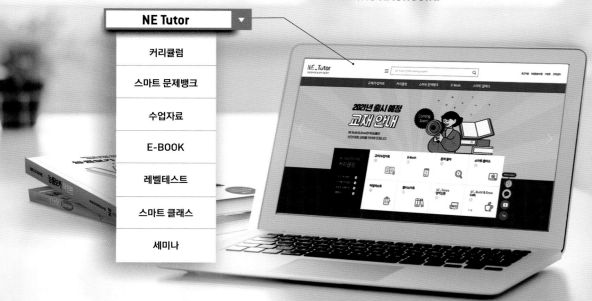